钱包君，是时候该醒醒了啊！

倾心蓝田 著

WUHAN UNIVERSITY PRESS
武汉大学出版社

图书在版编目(CIP)数据

钱包君，是时候该醒醒了啊！/倾心蓝田著. —武汉：武汉大学出版社，2016.10（2022.5重印）

ISBN 978-7-307-18526-5

Ⅰ.钱⋯ Ⅱ.倾⋯ Ⅲ.私人投资－通俗读物 Ⅳ.F830.59-49

中国版本图书馆CIP数据核字（2016）第195310号

责任编辑：安斯娜 刘汝怡 责任校对：叶青梧 版式设计：刘珍珍

出版发行：**武汉大学出版社** （430072 武昌 珞珈山）

（电子邮件：cbs22@whu.edu.cn 网址：www.wdp.com.cn）

印刷：北京一鑫印务有限责任公司

开本：880×1230 1/32 印张：8 字数：141千字

版次：2016年10月第1版 2022年5月第3次印刷

ISBN 978-7-307-18526-5 定价：46.00元

推荐序

理财，我们是认真的

　　一个人积累多少财富，不取决于他能够赚多少钱，而取决于他如何投资理财，钱找人胜过人找钱，要懂得钱为你工作，而不是你为钱工作。也许很多人会说，我没有闲钱去理财，即使有多余的钱也不知道投在何处。在此，我想说理财的秘诀其实就是将你存完以后剩下的钱花掉，而不是将你花完以后剩下的钱存上。所以不要抱怨没有闲钱，你缺少的只是一颗理财的心。

　　理财规划不是有钱人的专属权利。你必须在两者之间选择：你想拥有一部造钱机，还是将自己变成造钱机。对于普通大众来说自然而言要选择后者，不是吗？而对于那些不知道把钱投资在何处的人，我想说：那些最好的买卖，刚开始的时候，从数字上看，几乎都会告诉你不要买。如果这样你便不去理财了吗？答案当然是否定的，如果说急速赚钱是"百米冲刺"，那么理财就是"马拉松"，比的是耐力，需要的是有计划、耐心和原则性。从你迈入理财大门的那时起，你会发现随着时间的推移，你的财富也会一点一点地提升。理财往小了说是节省一笔开支，往大了说是对未来的投资。不要迷茫是否该去理财，套用《欢乐喜剧人》中的一句话回答你："理财，我们是认真的！"

当你有了一定的存款去买一部手机或是其他家电，是一次性全款合适？还是分期付款合适？

想薅羊毛不得其法？想节省开支不得妙招？

答案就在此书中。

这本书从现实出发，从生活入手，以自身的理财经历为主线，以故事为串联。平凡中充满大智慧，朴实中饱含小技巧。本书作者讲述了自身的理财经历，从如何省钱到如何赚钱、从保本到高收益、从一次购买到基金定投。不求一夜暴富只求资产增值。即使初入江湖的小白看完此书也会领略理财的魅力，江湖老手读完此书亦有同道中人的感觉。迷茫的新人会从此书中得以寻求方向，有规划的达人亦可在此书中找到借鉴之处。可以说此书是理财界的《江湖指南》，也可以说是生活中的《羊皮卷》。总之，书中妙法无数种，书中心得万万千。一本书也是一个江湖。

最后给想要理财的人们说一句：大多数人高估了他们在一年内能赚的钱，而低估了他们在十年里能赚的钱，不以眼下看将来，这就是理财！

人人网人人财富运营

邵健聪

自序

上天不会亏待任何一个努力的人

/ 倾心蓝田

最初写文字，只是为了记录一些生活小事和所思所想；后来幸运地有了一些读者，我开始更认真地写文字，希望把自己的生活感悟也分享给更多的人，再后来因为文风接地气，人也随和，愿意倾听别人的故事，从而拥有了更多的读者，最终有了图书出版的机会，这是我意料之外的，但细想来却也在情理之中。前人早说过，上天不会亏待任何一个努力的人。

我来自一座小城市，毕业于一所不知名的大专院校，但这并不影响我有着一颗想要扎根北京的野心。为了达到这个梦想我从最初努力做好一名销售，变成了转行进入互联网行业做运营，后来跳槽升职加薪做了一家上市公司的运营主管；虽然达到了我落根北京的初步梦想，但前进的脚步永远不会停滞，生活还在继续，我依然努力。我想也正是因为我如此平凡，而又如此努力，所以才会有那么多读者喜欢我的文章，才会有那么多人愿意跟我交流生活、工作的经验吧！

当武汉大学出版社的编辑安斯娜找我聊这本书想法的时候，说实话我有些惶恐，因为那时候我非常不自信，我认为我写不好这本书，我还太年轻，没有那么多的经历经验和大家分享。感谢娜娜，她给了我很多勇气和信心，她说既然我的文字有人喜欢，就说明是有价值的；有那么多人愿意跟我交流职场、理财、生活经验，说明我的经历对年轻人是有指导和参考意义的。

于是有了这本书。最初的时候，我们想把它做成一本"理财日记"，后来在书写过程中，有一些网友和读者建议我加入一些其他元素，因为只写理财太单调了，平日里给大家分享的生活小妙招都可以加入进去，于是这本书最终变成了《钱包君，是时候该醒醒了啊！》。

经常有人问我：

如何过好现在的生活？

如何才能做到像你一样积极向上，每天朝着自己的目标奋斗？

你如何保持动力满满的？

我该怎么规划自己的资产？

生活中你有哪些经验可以分享给刚工作几年的我？

你是如何找到自己的兴趣爱好，又是如何平衡工作和兴趣的？

······

　　如果你也对此感到好奇，那么请给我看一本书的时间，我将用文字回答你。或许我的文字并不华丽与唯美，但我有一颗真诚的心，会毫无保留地将我这几年的经验与感悟与你分享，期冀共同进步。

倾心蓝田

2016年8月1日

目 录

/ CONTENTS /

● ● ● ● ● ● ● ● ●

Chapter 1 │ 做自己的理财专家

Chapter 2 | 关于理财，那些不可不说的事

Chapter 3 | 人生需要积累，财富亦如此

Chapter 4 | 工作向前（钱）看

Chapter 5 | 投资自己，生活从此更简单

Chapter 6 | 生活无处不理财

后记 | 人生那么长，此刻不必慌 · 235

做自己的理财专家

///

很多人都认为，理财是有钱人的事，我们这些职场新人，或者是刚毕业三五年的人，手上没有太多的钱，理财是跟我们无关的。这是一个错误的想法。攒钱可以让我们变得更有安全感，理财的过程，其实也是在理生活。

大概在我10岁的时候，我爸带着我去银行，用他的身份证和我的户口本页，为我开了第一个银行存折，我想我也是从那时候开始，慢慢有了理财意识。

小时候能支配的钱很少，但我爸妈不会像其他小朋友的爸妈那样，每天要多少零花钱就给多少零花钱，而是会在月初的时候，给我一整个月的零花钱。记得最初是每月30元钱，平均到每天是一天一元钱。我妈告诉我，这笔钱我可以随意支配，既可以一次性花光，又可以细水长流，让自己每天都有钱花。如果花不了，到了月底，还能让我爸带着我去银行存起来。她告诉我说，等到存到一百、两百的时候，就可以买一个我自己很喜欢的玩具了。后来我才知道，这种形式就叫作"零存整取"。

现在想来，毕业后我能够合理地规划自己的工资，也跟小时候我妈对我的财商培养有关系。小时候我很少每天都去小卖部买零食，大多时候我会在周五的晚上，去购买一些自己和小伙伴都喜欢吃的零食，然后周末喊他们来一起分享。我也不会随便花掉零花钱，所以一段时间以后，我就存下了对当时的我来说不小的一笔钱。因为是自己日积月累攒下来的，所以当想要花掉的时候，也会用心去想到底要不要为这件事花钱？这也使得毕业后的我依然保持了之前的消费观，即该花的就大方去花，不该花的，即使只有一分钱，我也会感到浪费。

大学时期看了很多关于理财的书，一直关注股票、基金，等等，但那时候因为手上没钱，大学毕业后，也只记住这些书里都会提到的一句理财观：你不理财，财不理你。

2012年我大学毕业，工资2500元，在北京租房生活，一个月下来，所剩无几，但我依然坚持存钱。日积月累，到年底也有了一小笔存款。同学聚会聊天的时候，发现大家还在"月光"的时候，我已经有了属于自己的第一笔存款。

后来随着不断地加薪，存款也越来越多，理财的方法也在不断改变。如今我已毕业三年，用过银行理财，买过基金，炒过股票，也买过P2P和纸黄金，既赚过，也因为没有太多经验而赔过。生活中经常有人问我如何理财、如何操作，承蒙大家支持和信任，我也分享过很多理财故事给大家。我将在这一章节中，和大家详细分享我的理财故事。

我不是专业的理财师，也没有专业的理财背景，只有一些理财经历和属于自己的小经验分享给大家。我想恰是因为我只是一个普通人，我的理财经验对大家来说才更接地气，更实用。

在这本书中我将会分享我使用过的理财方法给大家，也会归纳一些经验教训。希望能够帮助正在"月光"，想要摆脱"月光"，或者是刚毕业、想要理财，却很迷茫不知如何下手的你。

理财的路很长，但我相信这是一个日积月累的过程，无论是资本的积累，还是理财经验的积累，都需要我们从一点一滴做起；只要关注小事，关注细节，相信通过努力，日后，我们都会成为独特的理财专家。

会理财，可以让生活赚钱两不误

　　Z公司组织部门员工出国旅行，可以带家属，但需自费，于是我跟老大打了招呼，就随Z一起直飞韩国济州岛了。回国路上算了下，三天四晚外加在各种免税店的买买买，所有花费加起来刚巧是近半年的理财收益！和朋友们聊起来，他们都唏嘘说果然是金牛座！Z也感慨，金牛座果然是既懂持家又会生活的结婚最佳人选！

　　几日前有个姑娘跟我聊天，她说自己来自一个偏僻的小村庄，现在凭借自己的能力在大城市生活。她很苦恼的一件事是：家里条件不好，还有个弟弟需要她和父母一起资助盖房，但她又想享受一线城市的多彩生活，所以很苦恼。

　　我问她："你现在是如何分配自己工资的？"她说："留够生活费，其他全部放银行定存，过年的时候，取出来带回家。"后来我问了她的工资和生活成本，帮她重新规划了工资的使用分配，一段时间后她惊喜地告诉我，从来没想过原来钱还能自己生出这么多钱来！按照我帮她规划的方法去理财，年底不光可以按照原计划给父母一笔钱，还能让自己平日里的生活预算增加不少，而这部分增加的费用，按照她目前的生活水平和层次，也足够她在一线城市去接触和尝试新鲜事物了。

不知其他行业怎么样，近一两年的互联网行业形势非常差，用大家的话来说就是处在寒冬期。很多高校毕业生找不到工作，原本可以进BAT的部分高才生也只能感慨生不逢时。二线城市的很多同学被当地公司拒绝，只得拖着行李箱来到一线城市找工作，就业压力都积攒在一线城市，竞争有多激烈大家可想而知。就算幸运地找到了工作，不少应届生也在反映薪资待遇比往年都低。近期收到不少来自应届毕业生的邮件，邮件内容大多在诉苦说实习工资低，转正工资也不像自己想的那样，原以为毕业后可以自己养活自己，如今彻底被生活的现实打败了。我一律回复说薪资待遇可能一时半会改变不了，但有很多事情其实是可以主动去改变的，比如开源、节流、理财。

朋友圈里有这样一则关于理财和不理财区别的例子：你有5万元钱，我也有5万元钱！你花5000元买了个苹果6S，还剩45000。我用信用卡刷了个苹果6S，分了12期，每个月还信用卡450元。5万元我拿来做基础理财，一年利息最少6000元，每个月利息返500元，除去信用卡的还款，还能收50元的利息！一年以后，我的5万元又回到银行卡，白得了一部手机，还多收了600元的利息！想说的是，理财就这么简单，不合理规划自己的财富，永远不知道自己和别人的差距有多大！

投资自己和理财这两件事，都是需要在坚持中循序渐进的。你看到一个股票大牛可以对现在的熊市滔滔不绝地评论，你羡慕，但要知道这些经验都是他在股市中身经百战，有赔有赚后赢得的。你要给自己时间去学习，去摸索。比如我在纸黄金、股票、基金上都赔过钱，但只有真正投资过你才能知道，这些理财产品在市场上究竟是怎么运作的。

有些人喜欢跟风，听说P2P赚钱，立马跟风去买，结果公司跑路连本带利全都赔了进去，这部分人我们通常称为"作死的伸手党"。偶尔会遇到有人邮件直接询问该买哪种理财产品，我不禁唏嘘。我就是一个与他们隔着电脑屏幕，喜欢分享的陌生人，他既不了解我是谁，又不知道我究竟有多专业，就敢这么相信我。我在感谢信任之余一般会告诉对方如何选择一家靠谱的公司，让他自己去做调研，告诫他不要盲目地相信任何一个人的片面之词。

学习理财这件事很多人都觉得太枯燥，因为书本上讲的大多是理论知识，而直接看财经新闻又看不懂，我刚毕业接触理财的时候，也有这个苦恼，后来在网上发现了一个女性理财网站——她理财。当时喜欢这家网站的原因是里面有很多财蜜会分享自己的理财故事和学习方法，门槛比较低，只要你认真去学，都能看得懂。在网站上学了不少新的理财方法，也认识了很多跟我有同样理财诉求的女生。

之后想要学习股票和基金的时候，需要能够快速看懂政策新闻，但发现这并不容易。新闻中总是带有大量的专业词汇，看新闻的过程中总得边百度边看，后来转为看微信公众号。有不少公众号都不错，比如央视财经。新闻就要一个时效性，炒股、买基金都一样，你需要第一时间解读政策性新闻，跟对了形式，赚钱就容易了。

除此之外建议大家关注一两家大的P2P公司，因为不能把鸡蛋都放在一个篮子里，而是需要根据对未来的规划，可以把资产分配在不同的理财渠道里。P2P目前是我投入最多的一项，因为只要选对公司，基本就可以躺着赚钱了，虽然收益不如牛市时的股市，但它能保证熊市的时候照样赚钱。

其实还是那句话，你不一定现在就要入市，但至少不落在别人的后面。有些东西就是这样，你学了、积累了，有朝一日你要用，拿出来就可以用，而且一般都会比别人快、准、狠一些。而如果你不学，也不接触，日后在饭局上，在高大上的人际圈子里，你将缺少一个很重要的谈资。在同等收入的情况下，理财和不理财的差距会越来越大。

下面分享我近三年来的三个理财收益来源。

一、房产

曾有人说，毕业后就要独立，不要依靠父母，不要做啃老族。但我个人觉得父母并不是不能依靠，而是不能完全依靠。适当的时候，可以让父母资助一部分，然后加上自己的一部分，这样可以让资产保值升值。

2015年一年内央行连降五次息，原本存在银行里能保值的钱，现在放进去不仅不赚钱，还亏钱！为了给大家讲明白，摘录一段网上的内容："降息后，银行一年期定存的基准利率为1.5%，我们不考虑上浮的情况下，如果在银行存了10万元一年期的定存，到期后本息收入就是101500元。可是别忘了，不久前公布的居民消费价格指数（CPI）显示，9月份CPI同比涨幅回落至1.6%，虽然有所回落，但1.5%＜1.6%。如果物价维持在1.6%的上涨水平，那么今天的10万元可以买到的商品，一年后就需要101600元。存一年得1500元的利息，但这1500元却买不来如今等额的商品，自己还得往里搭100块钱。也就是说现在10万元的购买力仅相当于一年后的99900元。将直接导致你的财富缩水100元。"

于是我和Z分别拿出存款，外加两家父母的资助，每人买了一套房，结果是半年后，两套房子总共涨了40多万，也就是说，现在卖掉的话，我们除了能偿还父母出资的部分，还能净赚40万。当然，我们现在不会卖掉，因为对未来我们有更清晰明确的规划。

二、P2P

之前提过，我的大部分资金都放在这里，因为目前是熊市，这里最安全、最可靠。为完成近几年的理财目标，P2P肯定是首选。

三、股票、基金

虽说现在是熊市，但该投资还是要投资，因为不投资就永远学不会。最初，可以少投资，多学习。

学理财不是一朝一夕就能学会的，只能一点点积累，但学习的过程其实也是资本积累的过程。而就现在的社会来说，资本越多，意味着你跟梦想的距离也就越近。欲望清单那么多，能完成的却是有限的，靠理财来增加收入，实现更多的欲望，其实不失为一个好方法。

为什么要从毕业就开始关注理财

前几天接到大学隔壁宿舍一个同学的电话，主要想聊关于理财的问题。她之前一直在北京工作，后来因为考虑到长期发展问题，就回老家（三线城市）工作了。据她说之前一直没有关注过理财，前几天看到我在空间分享国债，这几天又听见打扫卫生的阿姨说把钱都放在余额宝里了，突然觉得自己太落后了，大有一种全民理财的架势，就只有自己因为胆小、懂得太少，一丁点儿理财的概念都没有。其实熟悉我的人都知道我数学成绩并不好，对数字特别不敏感，但我是金牛座，对钱的敏感是天生的。所以从毕业到现在，不知不觉中就尝试了不少理财方法，现在已初见成效。因为喜欢分享理财日志，许多友邻和朋友私信我说他们因为我的分享自己也开始关注理财了，甚至把工资都放在余额宝里了，并开始做定存之类，这让我更加喜欢理财了。所以分享自己理财经验的意义就在于：你可以影响身边的一些人，让关注你和你关注的人过得更好。有人说理财有风险，我对风险的承受能力为0。《穷爸爸富爸爸》里，富爸爸就曾说过："你惧怕金融市场，不是因为市场本身的可怕，而在于你对市场风险的不了解。"

为了方便大家做参考，说几个生活中的案例吧。

首先是我一个表妹，22岁，马上大学毕业，跟我说了下工资金额之后，问我要怎么规划这笔钱，还没正式走进社会就已经开始担心钱不够花。我的建议是：第一、二个月不要存钱，做一个记录，看下租房、吃饭等，基本开销是多少，能剩下多少。然后从第三个月开始，计划性地开始存钱。她说还想买衣服，我说完全没问题，存钱一定要在自己所有开销之外去存，不要因为存钱而去降低生活质量。如果平日里习惯了大手大脚，那么可以去银行做固定转存。每个月设定转存日和转存金额，这个转存金额会自动打到你工资卡的另一个账户，但是没有特殊情况，这个钱是不能动的。如果预计未来都没有什么大的开销，可以去做"12存单法"。这个我想大家多少都听过，其次还有更长的"36、60存单法"，根据个人需要去选择。

那么，三线城市的人该怎么存钱？比起一线城市，三线城市人的很多消息或者整体思想相对保守。我觉得做理财不要太畏手畏尾了。就像我那位同学一样，她总觉得余额宝不靠谱，所以一直没关注。余额宝年化收益率7.4%的时候她没投入，余额宝跌破5%了，连打扫卫生的阿姨都向她普及余额宝了，她才意识到理财的重要性，那之前那段时间是不是也是一种损失？所以当市场上出现一个理财产品，大家都投的时候，你一定要多加关注下，看下是否有风险，如果综合考虑没风险，那一定要及时投入，不然对你来说就是损失。余额宝从近期来看，只要利息没跌到跟银行定期一样，就完全可以继续使用，不过一定要去申请一个实名认证。

那对于毕业两年左右，手里有一定存款的人，应该做什么呢？我觉得分为两类：第一类就是已婚族。已婚的人基本房子、车子都有了，手里也有点小钱，即使有宝贝计划，那宝贝爸爸这几年也有能力赚够养家的钱，所以可以考虑国债。每年银行会在3月到11月的10号放国债，分为三年期和五年期。大多数人都抢五年期，因为国债的利率是最高的，2015年的五年期是5.41%，三年期是5.0%。所有银行的国债利率都一样，这是国家规定。存多少钱进去，就看你未来三五年内的预算了，几千、几万元都是可以的。抢国债是技术活，基本电子凭证的国债五六分钟就被抢光了，毕竟中国人多，有理财意识的中国人也多……据说招商银行的国债很难抢，工商银行和交通银行的相对好一些。

第二类人是非常典型的单身贵族。但未来三五年内有买房、结婚的打算，需要用到大数额的存款。这类人就不要买国债，因为国债提前取出来是不划算的。

而这类人又分为两小类：第一类是，有存款但少于5万元。那就做定存存款，一年期利率3.25%，两年期利率3.75%，还有三年和五年的。我一般做一年期的，因为我总觉得会有更多、更灵活的理财方法。这是定存的部分，其余的零用钱（包括基本开销，平日里各项娱乐消费，逛街，可预料到的份子钱，等等）全都可以存在余额宝里。银行卡就放几百块钱，为了取现方便。很多人问，一个月花几百块钱够吗？不够，我还可以刷信用卡，因为我的信用卡是免息的。我完全可以刷银行的钱，把我自己的钱放余额宝里赚利息，积少成多。到了还款日，统一还掉信用卡。

第二类是，有存款且大于5万元，并且买房、购车、结婚计划都在两年后。这种人建议去做理财产品，现在各个银行都有自己的理财产品。理财产品分为保本产品和不保本产品两类。顾名思义，保本产品就是到期以后你的本金一分钱不少都给你，但是年化收益率会相对低一些。不保本产品的利率虽然高，但是有可能本金不保。我去建设银行咨询的时候，理财师跟我说，虽然是不保本产品，但是目前还没出现过问题。你们还年轻，可以尝试这个产品。

当我听到"你们还年轻，可以尝试"的时候，立马说您还是给我介绍下保本产品吧。其次就是，选择银行。建设银行、工商银行算国有银行，招商银行算商业银行。商业银行的利率都高于国有银行，所以招商银行是不错的选择。

银行理财产品都是5万元起，所以存款不足的少年，继续努力吧！招商银行是呈1000元一个阶梯递增的，又分为两种产品，第一种是长线产品，两年、三年、四年、五年，最多五年，很灵活，五年收益大概一万多，年份越短利率越低。一般长线产品的利率都在百分之四点几。第二种是短线产品，例如88天、128天一个周期，周期到了就本息一起还给你。短线的利率在百分之五点几。虽然看起来比长期的高，但是总体算下来还是长期划算。有人问为什么，因为任何理财产品都有一个计息日。大概就是你投资后，并不是从当天起给你算收益，就好像余额宝今天放进去，后天才能看到收益，一个意思。如果你投短期产品，等到一个周期到期，再投下一个，那中间这段时间就叫作"空档期"，算下来比长期利率就低了不少。短期适合近一年内有结婚、买房、购车计划的人。

可以考虑放一些闲钱到P2P，但一定要选择大公司，在投资之前也要调查好公司背景，不要盲目跟风。P2P因为最初监管政策非常少，所以经常出现跑路的情况，建议大家投资靠谱的大公司，而非那些看起来收益很高，但不规范的小公司。

这些都是放在明面上的投资理财，还有一些是需要你灵活来掌控的，包括生活中的各项开支计划。比如2012年我学车，是因为那个时候还没有科目四，其他考试也没有现在难，毫无驾车经验的我，决定在元旦前牺牲所有周末时间去学车，一次性通过，花销在预算之内。而这两年报考驾照的很多人，学车费用涨了不少，而且挂科的也多了。挂科补考是需要交钱的，这些对我来说都算是额外支出。省下的就是赚到的，所以这个在我看来暂且也算作是一种理财方式吧。

最后说下人情债——关于借钱还款这回事。生活中免不了突然急需用钱，或者有大的开销，需要跟朋友借钱。我一般只跟最好的朋友借钱。

借钱的时候一定要说清楚借多少、什么时候还，借得少就不必问是否是人家的定期存款了，如果是借1万元以上，一定问对方是否是他（她）的定期存款。如果是，记得还钱的时候按照银行利率把利息还给朋友。我个人认为，别人没义务把钱借给你，借给你是觉得你值得借，不要因为关系好，就忽略别人的损失。

数额比较大的款项能跟银行借的，别跟朋友借，除非他们都是土豪。房贷，利用公积金贷款还最划算；车贷，现在很多4S店跟银行有合作，直接可以免息。

同学问完我理财经验之后，感慨地说："你这样太有计划，难道不累吗？适当休息下吧。"其实我觉得很多问题都需要多关注，你不关注，别人关注，你就越来越落后。当你懂得足够多的时候，很多问题就是顺手捎带着就做了，根本不会觉得累。况且试想下，十年后你才开始理财、做生活计划，别人生活都奔小康了，你还是理财小白、生活小白，你觉得谁更累？多跟身边有生活计划、理财计划的人聊聊，主动一些，因为并非每个人都会愿意跟你聊私密理财方法的。

另外，各个银行的客服也是个不错的渠道。打开网页，点击在线客服，只要我有不懂的都去找他们咨询，由于我数学不太好，有时候不会算利率，我经常会让他们帮我看公式代入是否正确。

手上有闲钱的，快动起来吧，别让你的钱躺在银行睡大觉了！

发工资后的第一件事决定了你的穷和富

我曾在朋友圈做过一个小调查：每月发完工资后，你的第一件事是什么？

一时间众说纷纭。因为这个问题每个人都会遇到，所以短短几分钟之内，我就将身边人的做法收集了起来。

A说："必然是清空我的淘宝购物车呀！积攒了一个月，等的就是这一天！"

B说："还信用卡，欠银行好几千块大洋，我的还款日马上就要到了，工资用来救急。"

C说："留够2000元生活费，其余得直接打给爸妈，他们说攒钱娶媳妇我也得出力！"

D说："留够本月生活费，其余全部转入余额宝，我也是个爱理财的人，吼吼吼！"

这四类人基本代表了大多数人的观点。

A类人是淘宝剁手党，没事就喜欢刷淘宝，什么买一送一，什么9.9元包邮，看到就喜欢，不管是否真的有用，第一反应就是买、买、买！这类人基本都是月光族，淘宝购物对他们来说就像游戏，而当月工资就是游戏里的金币。

B类人其实跟A类人很像，只是B类人比A类人的情况还要严重。B类同学基本都属于活在当下，今朝有酒今朝醉的性格，没工资不要紧，不是还有信用卡吗！于是刷、刷、刷，买、买、买，不付现金也不大能看出自己花了多少钱，直到还款日结算，才傻了眼，口口声声说要剁手，但下月却继续忍不住地买、买、买，刷、刷、刷。

C类人是孝顺型。这类同学大多是乖乖女或者乖乖男，孝顺懂事，深知父母的不容易。于是在自己能领工资之后，就开始回报家里，为自己的"老婆本""嫁妆"出一把力。有些人说留够200元其他全部上交，我在此表示，这样的好男人遇到就赶紧嫁了吧！

D类人跟我在本质上是一类人，至少知道合理规划自己的生活，不乱花之外，最重要的是还知道理财。

我个人比较欣赏D类人，这类人大多有自己的规划和想法。他们不会像A、B两类人那样盲目地买、买、买，也不会像C类人那样。因为珍惜自己的劳动所得，几年后，这类人大多都有一小笔存款。逢年过节，也能够给家人、朋友买些拿得出手的礼物。

显然我也是D类人，就干脆跟大家分享下我发工资后的第一件事，以及如何规划自己的工资吧！

首先，我的银行卡余额为"0"，这并不是因为我"月光"，而是因为我把钱全部拿去"钱生钱"了。

发工资后，我的第一件事是从银行卡里取出500元现金，用来支付日常生活中不能刷卡的款项。其次是转入部分钱到余额宝，保证我总是有5000元的备用金。其他的钱会根据当时的市场行情进行购买股票、基金，或者P2P的投资。

日常生活中，能刷信用卡的我就不付现金，这样操作有两个好处，第一是银行的对账单比我自己记录的要清晰很多；第二就是我用银行的钱生活，用自己的工资钱生钱。

银行卡不留一分钱是因为如果500元钱花得只剩二三百元了，或者我要跟朋友约会吃饭，那我会提前一两天从余额宝里转出一部分到银行卡。这样一来，我基本上一天计息日都不会浪费。为何余额宝要保持有5000元呢？那是因为我也是女孩子呀！在心情烦躁不理智的时候，也去淘宝买、买、买，或者家人、朋友邀请帮忙代付的时候挺身而出。这样，5000元基本就足够了。

剩下的钱如何投资那就要看你的生活现状和个人规划了。比如，我明年要装修房子，那就不能把钱用来买国债和银行两年起存的理财产品，而是把部分钱投入股市和基金，大部分钱放入我信得过的P2P公司。P2P有个好处，就是选好平台后，你就可以放心地去做你的事情了，无须像股票、基金那样盯着大盘涨跌。并且每年最少也有10%~13%的收益，比银行要高很多哦。

"单身汪"如何进行理财规划

很多刚毕业一两年的人都表示自己暂时还是单身汪，并且一人吃饱全家不饿的状态可能还要持续好几年，此时如何理财虽然看起来并不那么迫在眉睫，其实本质里却真的是晚不得。

我有一个大学同学，毕业后跟我在同一家公司任职。我习惯攒钱理财，他习惯月光，并且认为存款和理财这些事都该是婚后去做的；如果非要理财的话，那也是得有了女朋友后再说；现在自己就一个人，没必要想那么多。

工作半年后公司在情人节的时候和其他几家邻居公司组织联谊，这位同学刚好在联谊会上认识了一个很喜欢的女生。约会几次后，女生也觉得他人还不错，正赶上十一假期，女生主动提出一起去云南旅行。结果这位男生因为存折里的钱让他捉襟见肘，而本月工资还没发导致没法赴约，最终女生因为他不懂得如何规划自己的资产，只享受当下而决定不做他的女朋友。这时候他才意识到理财的重要性，从那以后，他每一笔开销都要记账，有一点闲钱就来问我该如何打理，还好此刻理财还不算太晚。

所以说，单身不是不理财的理由，否则当你真的需要钱的时候，你会因为你的捉襟见肘而错失很多机会。

其实一个人单身时期的资产是最容易打理的，因为你不需要考虑那么多人，当你有了男（女）朋友，如果资产要一起打理的话，你会发现，你们的资产并不是只考虑两个人就可以了，而是连同双方父母可能用钱的情况都要考虑进去。所以说，单身贵族们，不妨在单身的时候好好练习自己的理财基本功，以便有一天真的需要理全家人的资产的时候，可以轻松胜任。

就我个人经验来讲，单身状态下的理财做到三点就够了。

一、保证流动资金

就好像我故事中提到的那个同学一样，虽然是单身状态，但你需要钱的地方可不比那些已有家室的人少。约会需要钱，出去旅行需要钱，做培训需要钱，平时人情往来也需要钱。尤其在单身的时候，交际圈的扩大，以及人脉网的拓展，处处少不了钱。这时候资金的流动性就变得尤为重要了。切忌留够自认为足够的零花钱后把所有资产投入到一个长期理财产品中，这会导致你用钱的时候抓瞎。

二、规划自己的投资，做好资产配置

保证足够的流动资金外，你还需要做进一步的理财规划。短期看三个月，长期看一年，这样会比较容易做预算。比如短期内你可以看到近三个月内都有哪些地方会用钱，大概用多少，每一份预算都要按照足够的钱来计算。拿我个人来说，我是将近期会用到的总钱数乘以1.5然后放入货币基金。

这样做的好处有：第一保证资金流动，第二保证我预算的款项都能用时即可取，第三我放入货币基金不浪费我的理财收益，第四我乘以1.5可以保证我近期需要钱的地方都有足够的资金，预防在我预算外需要钱。

除此之外的钱，你可以根据一年内的预算来合理规划。如果近半年内并没有大的经济支出，那你大可以做一个长期的理财投资，比如放入一年期的P2P等，买一部分的国债基金、货币基金，再拿出少部分投入指数基金、股票基金，甚至入市炒股，提升自己在理财各方面的能力都是不错的选择。

三、努力工作，提高收入

对于年轻的单身贵族来说，往往刚踏上社会不久，父母因为还年轻，有工作、有体力，所以不需要你来赡养，相对后期来说，家庭责任较轻。但别忘了，几年以后你就会面临结婚、买房、买车等问题，需要大量资金支持。因此，我个人建议，单身期的年轻人要尽早做好财富规划，做到未雨绸缪。

工作是我们的主要收入来源，所以努力工作，提高收入，也就成了单身时期理财的最重要的一步。

相信我，学会理财，学会规划个人资产，也是成长中必不可少的一部分。因为踏入社会后，对自己负责的人不再是老师和父母，而是你自己。当你有能力担负起自己的各项费用，还能合理打理自己的资产的时候，说明你已经成熟了，而这时候，距离你找到心仪的另一半，也就不远了！

如何打理家庭资产（上）

很小的时候，看到爸妈的工资存款都放在一起。那时候太小，还想不通两个人是如何能不计较你的工资多，我的工资少，却要放一起生活；而这些钱，在遇到大事的时候，还要混在一起去支付一项费用。

后来长大了，恋爱了，开始发现原来爱情是不计较得失的，而婚姻家庭，更是如此。不论对方贫富贵贱，只因为你爱他，你就会愿意跟他承担所有，这里的所有，包括经济上的压力和生活上的各项费用支出。

单身时期打理个人资产很容易，那时候是一个人吃饱全家不饿的状态，所以在没有任何预算或计划的时候，可以冒进一些，比如投入大量资金去炒股，买股基等，但结婚以后，你会发现，爱情是两个人的，婚姻却至少是六个人的，你既不能不考虑对方，也不能抛弃双方父母，而此时的家庭资产理财，就变得尤为重要了。

生活方式因人而异，家庭理财，也因家庭不同而不同。比如我身边的朋友，就大体分为以下四种。

A女士是普通白领，但老公很有经济实力，自己创业做生意，几年下来，积累了不少钱。他们家的财务管理，是各管各的，A也从来不羡慕那些老公每月拿到工资乖乖上交给老婆的人，因为她自己的薪资就够自己花，如果家人、朋友有事，直接跟老公开口，就可以拿到钱，所以她不计较谁管钱。再者，老公做生意，必须有流动资金，如果自己把钱都拿在手里，她老公的生意也就没法往下进行了。但基本上每过几个月，他们就要做一次账务梳理，看下存款有多少。

B女士和老公都是普通白领，小两口薪资差不多。他们的财务管理方法是，老公负责所有生活基本开销，例如房租、水电网费以及房贷，平时出去买菜、逛超市，也都是老公负责买单。而B则只负责两个人的服装鞋帽和逢年过节给爸妈的过节费。两个人分开存钱，没有买房、买车这类大事的情况下，就只是定期沟通下彼此有多少存款，当需要买房、买车的时候，两个人再把钱拿到一起。

跟B女士情况类似的，是C。C和老公也是普通白领，他们有两套房的贷款和汽车贷款。他们的财务管理方式是，C的老公每月发工资后，还完车贷、房贷，留够自己花，结算方式第一选择是信用卡，其次是现金。其余上交给C。C会清楚地记得何时交房租，何时交网费，何时还信用卡。C也会定期和老公一起去逛街买衣服，去超市购物，统一记账，C的老公经常说他找了一个好老婆，因为除了工作，基本没有需要自己操心的事情。并且C也会定期跟老公汇报，目前存款是多少，一般情况下，她会让老公先猜猜看，C的老公每次都惊讶于他们居然能有那么多存款了！吃饭的时候也连声称赞老婆管理有方。C说自己的资产并没有放在一个篮子里，而是分散开，股票、基金以及P2P都有涉及，C的老公也全力支持老婆多多尝试各种理财方法。

还有一类，D女士家里就不大和谐了。D的老公的工资是D薪资的两倍，并且喜欢出去和朋友们胡吃海喝，婚前是月光族，婚后也并没有因此改善财务状况。D希望可以掌管家中财务大权，但偏偏D的老公不愿意放权，他觉得你需要用钱就跟我要，但是你拿走我的工资卡，我和兄弟们出去吃饭多没面子，没钱还怎么抢着埋单呢！这种情况个人认为就得双方友好沟通，毕竟结婚就是要在一起生活，一切有损家庭的事情都不能做。我倒是觉得，这种情况就该交给老婆管理，自己钱包里留够自己花。朋友聚会，自己买单没问题，但是如果次次如此，我觉得这些和你吃饭的人真的是朋友吗？如果大家只是习惯了你埋单，那交给老婆后大可以说："真是对不住大家呀，结婚了就有领导了。老婆掌管财政大权，兜里再不像以前那么有钱了呀！"真的朋友这时候只会相视一笑，祝福你们越过越好；如果是假的朋友，不要也罢。

个人觉得这4种婚后管理财产的方式都没问题，并且都很值得借鉴。年轻人刚结婚，有时喜欢钻牛角尖，认为隔壁家邻居就是老婆掌管财政大权，那我也要，殊不知各家有各家的情况。结婚其实某些方面也是为了互补，大家各自有各自擅长的内容，如果一个家庭中男人更擅长理财，女人不妨大度一些，把财政大权交给老公，但要做到财务透明，定期沟通。

除此之外，也给新婚夫妇和即将进入婚姻的小两口们提几句醒：

1. 量入为出，掌握资金状况。

2. 强制储蓄，逐渐积累。

3. 必要时要记账，做到开支收入心中有数。

4. 不要盲目模仿他人，要针对自己的情况，做到因人而异。

如何打理家庭资产（下）

结婚后和单身时的理财大不相同。单身时是一个人吃饱全家不饿，而当你领证结婚，事情就会发生质的改变。因为你不再是一个人，这个时候的家庭资产，你不只需要考虑你和你的老公，更需要考虑到双方父母，所以最少来讲，你要考虑六个人的计划内开销。

我在《如何打理家庭资产（上）》中提到，家庭资产谁管理这个问题，需要因家庭而异。这篇我用我自己举例，跟读者分享下，我是如何打理家庭资产的。

我是金牛座，大家对金牛座的标签习惯给予的是拜金和爱财。其实金牛座的女生是女子爱财，取之有道。想要打理家庭资产，首先需要做的，就是可以很好地打理好个人资产。

毕业工作第三年遇到了现在的老公，结婚前我们的工资是分开存放的。后来我是如何让他放心把财政大权交给我的呢？我想这也是很多姑娘感兴趣的一个点，因为曾有很多读者问过我，如何才能顺利拿到男生的工资卡。

我觉得这个问题是仁者见仁、智者见智的，我个人更倾向于智取，而非逼着要。还是先讲个故事。

和老公交往半年多的时候，我们彼此确定对方就是自己要找的那个人，而且会携手走一辈子，于是考虑同居。我是个没有安全感的女生，同居前，以我的性格，定要拿到对方工资卡才行。但同时我也非常信任他，也愿意把自己的一切跟他分享。

于是同居前的某一天，我把自己的资产情况给他看了下，告诉他我有多少存款，分别在哪些理财渠道里放着，目前闲钱有多少，接下来有什么计划和安排。他当时惊讶于我毕业不到三年就有那么多存款，另一方面也佩服我居然会这么多理财方法。这是第一步，我给他看完之后没做其他举动。

又过了几天，我的一笔P2P到期，我拿出部分理财收益给他买了一个礼物，并告诉他这笔钱是如何来的，怎么计算的，以及如何挑选一家靠谱的P2P公司，他除了欣喜地接受礼物之外，对我的佩服更胜了一级。

次日我告诉他，我要重新把到期的钱，加上我现有的一些闲钱，继续放入某理财产品，并问他，是否有存款，可以一起投资，然后告诉他到期后的利息是多少，接着又告诉他，只这笔利息，就够我们去国外海岛度个浪漫的蜜月了！他思考了两秒钟，就转身去拿银行卡了。

我想这并不叫作骗钱吧？当然，这里我确实动了一些小心思，比如我并不是直接告诉他利息的金额是多少，而是除了金额，还给他描述了一幅存款到期后我们可以实现的美好画面。男生都是视觉动物，必要的时候，女生要学会为他们画饼。

后来呢？他接下来的每个月发工资后的第一件事就是留够自己的花销，其余钱全部打入我的账户，而我也会定期告诉他，我们的存款共有多少了，最近又在理财上有哪些收益。这些收益，我会适时地拿出来让他去请朋友、同事吃饭，也会在逢年过节的时候，主动拿钱出来让他给爸妈带回去。他很开心我能想得这么周到，并告诉我说自己一个人的时候，都不会想着给爸妈钱，现在爸妈都觉得他长大了！

你看，当你可以把资产玩得很转，那男人是愿意把钱交给你打理的，这样他们就可以只安心努力工作了！

接下来说说拿到财政大权后，要如何规划家庭资产。

一、提前做预算，安排好家庭支出计划

家庭理财和个人不同，需要考虑的东西更多、更全面。因为一个不慎可能就会引起你用钱的时候抓瞎。所以在做任何投资前，都要先考虑流动性和安全。

每月发工资后，要先把还房贷和日常支出的钱留出来，这是不能动的；接着你可以用一笔钱固定投资货币基金，让货币基金里保持一定金额，这笔钱是你应急用的，随时可以提取。剩下大部分钱你可以放入风险相对较小的P2P，如果你炒股能力和买基金能力较强，可以拿出部分来投入股市或"养基"（鸡），当然，你也可以用12单法把每月的闲钱都存一笔，这样在次年的时候，就可以每月都用本金和利息来过生活了！但这个方法并不适合每一个人。

二、做好现金管理

看似简单，却是家庭理财中最难的部分。因为现代社会生活比较丰富多彩，诱惑也多，意想不到的花费更多。当然，这也是考量你能否做好家庭CFO的一项重要标准。现金管理的终极目标是当你遇到突发情况的时候，你依然有足够的钱来应付。当你遇到一个好

的投资机会时，你也有对应的钱去投资。如果你只是把钱一味地放入长期理财，那么在你短期内需要钱的时候，你就会捉襟见肘，而且很多时候你会一时间找不到对策或者解决方法。

现金管理的难点在于你既要考虑流动性，还得考虑收益和安全，这就要求你不仅要全面了解各种投资品，还需要你能未雨绸缪，做好规划。我个人是每月月初会计算本月的生活成本，每一项都用足够的金额来计算，最后用总额再乘以1.5来留出本月活钱。这样既可以保证我生活无压力，又能让我在突发情况下有现金可以应付。而留出生活开销的这笔钱，也可以放入短期理财，比如货币基金就是一个很好的选择。

三、认真控制止盈点和止损点

无论是在大学，还是毕业后看理财书，我想大家不难发现，止盈、止损基本在任何一本入门级投资书里都会提到，这的确是投资的关键，可是真正能做到的少之又少，因为这是人性天生的贪婪和恐惧。这种贪婪和恐惧，在股市中尤为明显。所以建议大家投资理财要保持理性头脑，切忌像股市里那样追涨杀跌。也不要盲目跟从别人买理财，要根据自身情况来严格控制止损点和止盈点。

好的家庭理财方式是不需要你把时间都浪费在股市里，最应该做好的是现金管理，选好产品；这样剩下的时间用来投资自己和享受生活，我想这才是投资的真谛吧！

除此之外，为大家附上家庭理财中最应该习得的理财定律。

1. 4321定律

这条定律用于家庭理财的资产配置，我一直遵守这条定律，也一直信服它，具体来说就是：将家庭总收入可以分为如下4份。

40%用于投资，创造财富，钱生钱（这部分钱也可以说是因人而异，生活丰俭由人，能剩下的钱也是因家庭不同而不同，不强求，但可以作为大概参考标准）。

30%用于家庭生活开支，应付衣、食、住、行等基本开支（对于我和Z来说，按照这个比例家庭生活开支是足够的，并且还能剩下一些用来给生活制造小惊喜）。

20%用于储蓄以备不时之需（曾经认为这部分钱是没必要的，直到Z的父亲某次突然因为心脏问题住进了医院，这部分钱就显得尤为重要；而且在那个时候我们都慌乱的情况下，想起有这笔钱，就突然镇定下来，有老人孩子的，这部分比例可以适当增加）。

10%用于保险，应付意外情况的发生（我和Z的单位都有五险一金和补充医疗，但我们依然拿出部分钱来投入了保险）。

针对最后的保险部分，我想讲一个小故事。

2015年8月12日天津滨海新区瑞海公司所属危险品仓库发生爆炸，损失惨重。当时看到新闻我的反应就是珍爱生命，也要懂得善待身边的每一个人。但我有一个朋友的反应和我不大一样，她看完新闻后的第一时间给自己家里的房子买了财产损失险。当时我们都笑她太敏感了，爆炸这种事并不是每个地方都会遇到，而且谁家房子没事会出意外呢？

事情过去了两三个月，我们都淡忘了这件事，结果她在上班期间突然接到小区物业的电话，说她家房子失火了！她迅速赶回家确认是哪套房失火，因为她家有两套房在同一个小区，而她只给现在住的那套房上了保险。不幸中的万幸，失火的房子正是他上了财产险的这套，阳台被烧得精光，家具、墙面全部毁掉，客厅也受损了一部分。但她很淡定，回去的第一时间按照保险单来拍照，并喊来保险公司定损，大概过了半个月的时间，她就已经拿到了相应的保险。

事后说起这事，我们都觉得她很幸运，物业表示不知道火源是什么，邻居及时帮忙控制了火情，要不后果不堪设想，但更幸运的就是，她为自己的房子上了财产险。所以才能保证在这种情况下，还能保护自己的利益不受损失。

保险就是这样，用不到的时候，感到交了几十、几百是浪费，但一旦发生意外，这不起眼的几十、几百却可以帮自己将损失降到最低。

按照该比例对收入进行分配的目的在于合理配置家庭资产，管控财务风险。当然，不同家庭有不同的理财目标、风险承受能力、生活质量指标，可在4321定律基础上按需调整，大家只需要领会精神，灵活运用就好。

2. 31定律

有房的读者们要特别注意这一条。31定律指的是每月的房贷还款数额以不超过家庭月总收入的1/3为宜。现在很多人喜欢囤房子，即使不住，也要买几套放着，多多益善。但事实上却应该根据自己的财力来衡量是否该买多套房产。

例如你的家庭月收入是3万元，月供数额的上限最好为1万元，一旦超过这个标准，家庭资产比例结构就会发生变化，面对突发状况的应变能力则会有所下降，生活质量也会受到影响。

按照31定律推算可以承担什么价位的房子作为购房依据，有助于长期保持良好稳定的家庭财务状况。这条定律能大大降低让你沦为"房奴"的可能性。当然，如果你在二三线城市，房价比较低，并且父母还可以每月拿出部分资金来协助你还贷，这个定律就另当别论了。

家庭理财是个需要长期学习的过程，人生每个阶段，甚至每个家庭都不同，所以建议大家多和同龄同等生活水平的朋友沟通交流，以便得出更多、更好的理财方法。

Chapter

2

关于理财，那些不可不说的事

///

理财第一步，学会记账，摆脱月光

2012年我大学毕业，最初的薪资是2500元。刚毕业的时候对任何事情都感到新鲜，从秦皇岛那座小城市一下子来到了首都北京，一时间灯红酒绿，那段时间感觉任何东西都可以成为一个花钱的诱惑，看电影，逛街，和同学聚会，毕业的前几个月我基本都在月光。

直到有一天，我坐公交车的时候，不慎丢了自己的手机。那段时间又刚巧很多事情都碰到了一起，生病重感冒，房租也该交了，手机丢了得买新的，一时间慌了神，因为我突然发现，我连几千元的紧急备用金都没有。

从那时候开始，我决定开始记账。我想每个人都应该有过类似我的那个阶段，从象牙塔到社会，在一个时间段，见识了太多自己想要和喜欢的东西，干脆就买、买、买，等真的遇上事了，才意识到攒钱、存款的重要性。

好在一切都不晚。

一、记账可以让你明确每一笔资金的动向，从而合理地安排下一个阶段的花销

h是我的大学同学，她毕业三年还在月光，半年前同学聚会的时候遇到，她坐在角落里独自一人喝酒，聊天之后才知道，她妈妈生病住院，而她作为独生女，一分钱都拿不出来。她很愧疚也很着急，她告诉我说自己在妈妈生病之后已经很克制自己花钱了，但到了月底，依然是月光。我拉着她去商场里买了一个手抄本，我说从现在开始，你把每一笔花销都记下来，一个月以后，我找你。不到一个月，还没等我找她的时候，她就打来电话跟我汇报她的记账情况了，她说记账之前从未感到自己这么能花钱，再加上自己平时钱包里的现金基本用来打车，平日的花销都直接刷卡，更不会感到自己居然有这么多笔消费记录，记账之后，她慢慢关注到自己的花销，她发现自己周末约同学吃饭和淘宝买东西这两项的花费最多，其他还有很多不合理的地方。

h坚持了两周就发现了自己的症结所在，于是很快地做出了改变。现在的独生子女大多是家长们宠爱着长大的，从小不缺钱花。但是一旦父母上了年纪出现一些问题，面临的风险和压力也是极大的。h的事情也让我很感慨，很多时候，我们都是需要经历一些事，才能让自己真的长大变成熟。

记账既可以用手写账本，又可以用手机端的记账app。比如timi记账、随手记、挖财等，都是不错的记账软件。

记账其实是一件习惯成自然的事情。最开始的时候，你可能会觉得很麻烦，但当你坚持下来，你会发现，记账其实可以变成自己生活中的一部分。随时有花销随时记录，月底汇总，就可以很清晰地看到每一笔花销的去向，还能总结经验教训，得知自己哪里该花，哪里不该花。

当然，如果你不是一个月光族，你也可以很自信地说，我完全可以不用记账，也能控制好自己的花销，那你也可以不记账。

二、量入为出，用现有的经济情况，决定你的生活方式

我有一个朋友，月薪4000元，爸妈每月再给她2000元作为她的零花钱，而这笔钱，她大多时候用来交房租。另外的4000元她也是

基本每月都花光。朋友和我一样，也毕业三年了。我个人认为毕业工作之后，我们应该独立生活，靠自己，而不是一直依赖家里给的支援。

之前有位资深北漂跟我说过这样一句话，她说北京的生活，丰俭由人。这也是形形色色的人都可以在北京生存下去的原因之一。

我想无论在哪里生活，都是丰俭由人的。月薪3000元，我们可以过月薪3000的生活，当经过努力，我们加薪了，月薪变为5000，8000，甚至更高，我们的生活方式，也可以跟随月薪的增长，变得更加优质。但忌讳月薪3000的时候，去过需要5000，8000元生活成本的生活，那样会透支自己的生活。

2012年，我月薪2500的时候，是和北师大附近的考研学生们一起合租在一个部队大院里，半年后我加薪，搬到了西直门附近的一个单间，两年后我薪水翻倍，换到了一个更大、更舒适的房子。除了住所的变化，生活中其他的事情，也是在不断地变化着。

身边很多同学毕业的时候都抱着"过好当下""今朝有酒今朝醉"的心态过生活。但随着时间的推移，父母变老，我们也到了谈婚论嫁的年纪，这时候如果没有存款，依然月光，就会让我们的生活捉襟见肘。所以理财也要学会量入为出。克制一部分不必要的花费，也是为未来做打算。

三、尽可能早地积累你的原始资金

学会记账和量入为出之后，就会慢慢积累到理财的第一笔原始资金。理财的方式也是随着资金慢慢的积累越来越多的。当你只有100元的时候，可能你只能放在余额宝或者银行定存里，但当你有1000，10000以及更多的时候，钱生钱的方式就会越来越多了。

如果通过记账你还未能摆脱月光，那就用攒钱的绝招吧！

余额＝收入－支出，大多数时候我们都是这样做的，但是也可以反过来，帮你强制储蓄，即：支出＝收入－余额。这样的好处是，每月发了工资之后，第一件事是把想要存下的钱转到其他地方，剩下的钱才是本月的可用资金。最初可能会比较难，因为你大手大脚习惯了。那你可以把余额设定为500元甚至更少，日积月累，慢慢地，你会发现，你也开始有存款了！

为什么说要尽可能早地积累原始资本呢？是因为理财这件事，你做得越早，学到的东西就会越多。我认识的一些20出头的小姑娘，从高中开始就跟着爸妈看股票，现在已经成为了很好的散户，虽然也有赔有赚，但你会发现，她们都能很好地把控风险，对自己的经济状况也有一个很好的认识。

认识到攒钱理财的重要性之后，就开始着手积累自己可以用于理财的第一桶金吧！

钱包君，是时候该醒醒了啊！

信用卡在手，天下你有

2012年我刚毕业，每天中午基本都有两三个销售来公司里问：办信用卡吗？积分送背包！

那时候对信用卡是反感的。

到了2012年年中，突然想要换一个手机，但无奈仅有的少量存款被我存成了定期，手上的现金根本不够买心仪的手机。结果次日办理信用卡的小哥又出现在我们的办公室里，这次我决定去了解一下。

其实最初我一直以为信用卡消费后还款是必须支付利息的，后来通过信用卡小哥仔细讲解，我才明白，信用卡其实是有免息期的，而日后工作生活中，有了信用卡能给自己的生活带来极大的方便。于是我为了买手机，办了人生中的第一张招商银行信用卡，也一直用到了现在。

我一直钟情于招行信用卡其实还是有个小插曲的，曾经把招行信用卡给着急出差却缺钱的闺蜜用，结果她输错密码，可能是多次输错，信用卡就被锁了。接着我就接到招行电话，问是否是本人在用卡，我说是闺蜜在异地用卡，结果是招行客服认真地告诫我信用卡最好还是本人使用，并告诉我说卡已经被锁，稍后解除密码锁才能继续使用，招行这方面做得非常不错。

再后来我接触了更多的理财，学会了"花银行的钱，让自己的钱去钱生钱"这件事，便再也离不开信用卡了。每月生活费、逛商场、吃饭各种花销只要能刷信用卡的，全部刷卡，而自己的工资则放在理财产品中等着赚收益。

用卡三年，总结了一些小经验，在此也分享给大家，每个银行的信用卡都有自己的特点，比如招行有服务号，交行有逛超市送卡金的周周刷活动等，各有千秋，根据自己的需要去办理即可。我个人共有3张信用卡，最常用的是招行，这里也建议大家不要办理太多，一方面是不容易管理，一方面是办理太多不容易积累额度申请提额。

一、利用好信用卡的免息期

我有一个朋友，她用信用卡有个习惯，就是一周结算一次，她喜欢在周末的时候，根据账单，用总额度减去可用额度看花费了多少，然后立马还款，为的是让总额度保持整数。

其实这并不好，因为用信用卡的原因其一是方便，其二就是可以利用银行的免息期拿自己的钱去投资理财。倘若是花了，立马还，那就辜负了"银行的美意"。

前面说过我有三张信用卡，其中两张作为日常消费用，还有一张是用来走高速的ETC信用卡。

其实如果你研究过信用卡就会明白，银行提供给我们的信用卡都是有免息日的。这里不建议大家去提现，因为提现有手续费。但刷卡使用还是非常方便的。

我们常用的信用卡大多数可以享有一个50~60天的免息期。免息期是指贷款日（也就是你拿着信用卡消费的日子）至到期还款日之间的时间，因为你购买商品不可能全部集中在一段时间内，所以也因为前后消费的时间顺序不同，而导致享受的免息期也是有长有短。

这也是为什么我手中会持有不止一张信用卡的原因！我可以

根据各信用卡的记账日来选择可以享受最长免息期的信用卡来刷卡消费。

给大家举个例子：如果你有一张信用卡，它的银行记账日是每个月的20日，到期还款日是每月的15日。那么，如果你在本月20日拉着闺蜜一起去逛街购物，那么到下月15日还款，就是享有了25天的免息期；但如果是本月21日你们去刷卡消费，那么就是在再下一个月的15日还款，等于多了一个月的期限，也就是你可以享受55天的免息期。在这55天的时间里，持卡人在享受着无息贷款。

小物件可能没有多大感觉，但当你想要购买一个价值比较高的商品时，你会发现利用信用卡暂时省下的钱拿去投资理财，会赚得一个不错的收益哦！

二、不放过任何一个能薅羊毛的机会

每个银行都有自己的优惠政策，比如招行每年都有积分换洗衣液等活动，另外还有绑定储蓄卡送自拍杆等活动，都可以去参加哦！

交行的大型超市周周刷活动也很给力，建议大家留意下居住、工作地点的周围是否有这些活动。一方面薅了羊毛，另一方面还可以积累刷卡记录申请提额。

现在很多银行都会推出积分换好礼的活动，有的是拉杆箱，有的是里程，有的是蚕丝被，用户可以根据自己的需要去换取奖品。

三、留意商家信息也可以帮你省钱

平时和朋友聚会，或者陪同事看电影之类，但凡能用信用卡的我们一般都会问一句，哪家信用卡消费有活动？信用卡会有一些合作的特约商户，包括我们生活中常见的服装店、美容美发店以及餐饮电影娱乐等，比如我非常喜欢吃的一家蛋糕店就会有每周三刷50送20的活动，而我则可以根据优惠政策，选择我购物的时间。

当然，你在办理信用卡的时候，也可以拿到一份信用卡的简介，其中大多都会介绍一些合作商户，有些可以打折，有些可以返现。

四、如何提额？

我手中的两张信用卡，基本每年都会申请2~3次提额，因为你的信用卡额度越高，平日里出行花费也就越方便，甚至我有一个卡神朋友，她房子的首付全部是用信用卡来支付的。我想大家应该明白，其实她有足够的首付，但就是因为刷了信用卡，首付的资金就可以在理财产品中再帮她赚一些钱！

我总结了一些曾经用过的信用卡提额方式，给大家参考。

1. 能刷卡的地方就不花钱，多积累刷卡次数。

2. 金额越大越好，帮朋友代购，帮公司买东西，这些都是不错的累计金额机会。

3. 消费的场所一定要多样化，KTV、餐饮、电影、洗车，等等，不要只局限于一家商户。

最后说下目前大家可能用不到，但总有一天会用到的ETC卡。

我和老公买车后，最常用车的时候就是周末开车回我家，而从北京到我家需要走高速，每次通过收费站都非常麻烦，因为需要排好长的队。但偶尔一次我发现有个通道标着ETC，在我们焦急等待排队的时候，那边简直畅通无阻，于是回来第一时间查了ETC是什么。原来ETC是快速通道！

这个通道需要你的车上配有一个专用设备，能够让ETC通道检测到你的车辆通过，而这个设备需要自己申领安装。如果去专门的机构，需要花费400元，而很多银行都和ETC卡有合作，于是我们最终选择了华夏银行。

（1）你需要带着车主身份证、驾驶本、行驶本去华夏银行。你可以提前打电话给银行预约，银行会告诉离你最近的办理点在哪里，并发送地址到你的手机。

（2）带2000元钱，办理的时候，会给一张速通卡、一张储蓄卡和一张信用卡，其中2000元是存在储蓄卡里，600元是保证金，1400元当下就可以取走。这600元在信用卡下来激活之后，也可以取走。

（3）设备费免除，速通卡绑定信用卡需要绑定够两年。如果不足两年解绑，200元设备费需要补交。

（4）高速费95折，举个例子，来回80，以后就是76了，每次省4元虽然少，但是快啊！不用排队，直接拍照扣款！

给大家提个醒，信用卡之所以叫信用卡，就是因为它会累计你的个人信用，所以建议大家信用卡绑定一张储蓄卡或者绑定支付宝账户，设置自动还款日，这样万一忘记按时还款，还可以有自动还款的保证。平日里我们对信用问题没多大感觉，买房、买车贷款的时候如果出现信用不良问题，会造成大麻烦。

最稳妥的理财方式

我的父母都是普通的工薪阶层，所以印象非常深的就是小时候他们最常买的理财就是凭证式国债。那时候还没有网络，电脑也不普及，所以总能记得爸妈在梳理家庭资产的时候，拿出几张单据，其实就是纸质国债凭证。

后来慢慢长大，接触的理财方法越来越多。等到我有了闲钱，开始打理个人资产的时候，国债已经被我列入了最后一个选择。因为国债对年轻人来说，除了稳妥安全外，优点都不如其他理财方法。

但国债正是因为它的稳妥、安全以及收益率高于银行存款等优点，也一直被留用至今，包括我的父母，现在依然在坚持买国债，而我身边几位已经做了妈妈的同事，也在买国债。她们在为自己的孩子存钱，无疑，国债对家庭来说，如果作为子女的教育基金，不失为一个好的理财方法。

如果你的风险承受能力很低，建议多关注国债，对我们普通白领来说，婚后家庭理财国债也可以长期作为资产配置的一部分。

一、国债利率及发行时间

2015年国债发行计划表				
国债品种	期限（年）	票面利率	发行时间	付息方式
凭证式	3	4.92%	3月10日	到期一次还本付息
	5	5.32%		
电子式	3	4.92%	4月10日	每年付息一次
	5	5.32%		
凭证式	3	4.92%	5月10日	到期一次还本付息
	5	5.32%		
电子式	3	4.92%	6月10日	每年付息一次
	5	5.32%		
电子式	3	4.92%	7月10日	每年付息一次
	5	5.32%		
电子式	3	4.92%	8月10日	每年付息一次
	5	5.32%		
凭证式	3	4.92%	9月10日	到期一次还本付息
	5	5.32%		
电子式	3	4.92%	10月10日	每年付息一次
	5	5.32%		
凭证式	3	4.92%	11月10日	到期一次还本付息
	5	5.32%		

钱包君，是时候该醒醒了啊！

二、购买方式

国债	国债的种类	国债的期限	利率	计息方式	购买方式
储蓄国债	电子式国债	3年	5.00%	每年付息	直接登录网银开户购买，支持工行、农行、建行、中行、招行、交行、广发等各大网银购买
		5年	5.41%		
	凭证式国债	3年	5.00%	到期一次性还本付息	带上身份证和银行卡去各大银行的储蓄网点开户购买
		5年	5.41%		

我之所以现阶段不配置国债就是因为它周期太长了，三五年一个周期，对年轻人来说流动性不够强。

有人会问，那如果在国债未到期之前，有事必须提取国债，这个利息如何计算呢？

如果不满3（5）年提前取，按照如下利率折算。

1. 持有不满半年不允许提前兑取。

2. 持有满半年不满2年扣除6个月利息。

3. 持有满2年不满3年扣除3个月利息。

注：付息日及到期日之前的三个星期不能兑付。

随着国家降息降准，国债利率也越来越低了，国债可以作为其中一个资产配置来选择，但不建议大家把钱都放入国债。

想学炒股？先要迈出第一步

随着年龄的增长和资产的累加，许多人不再只满足低风险的理财方式，而是选择把资金投入股市。但炒股的前提是你需要有一个股票账户，而后期如何选股，如何躲避股市中的风险，可能一本书都讲不完，所以我在此章节中只为大家提供第一步的操作方法，那就是如何在网上实现股票开户。

许多人认为股票开户必须去找券商，其实在炒股之前，我也一直这么认为，直到我在论坛研究了半年的股票终于决定跃跃欲试，约了同事陪我开户的时候，她告诉我说："网上可以开户！而且比券商手续费还低，新手可以选择网上开户！"于是在她的指导下，我在网上完成了开户。

非常简单，你需要一张身份证、一张银行卡以及一部可以联网的手机。

开户前，先给大家解释下你需要开设的账户种类：你需要开立证券账户和资金账户。证券账户用来记载你所持有的证券种类、数量和相应的变动情况，也就是你炒股时会用到的账户，而资金账户则用来记载和反映你买卖证券的货币收付和结存数额，换句话说就等于你的钱包。

下面介绍的佣金宝是我目前一直在用的软件，当然市面上还有其他软件，大家可以根据需要自行选择，下面我用这个软件举图例带着大家一起开户。

一、用手机下载佣金宝软件，打开，选择马上开户

二、输入手机号验证，拍身份证，上传正反面，在"已阅读"打钩

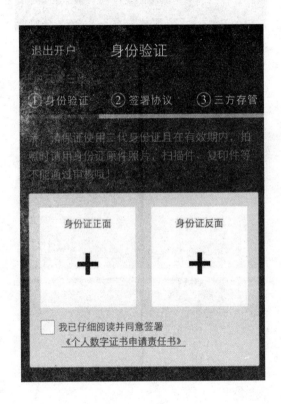

三、排队等候，几秒钟之后会有客户经理跟你视频验证身份

　　我当时是在办公室开户的，原因是你不需要说很多话，只需要回答是，或者不是就可以。

四、视频结束，设置密码，点击继续开户

五、选择三方存管，绑定一张你的银行卡

这个后面还需要登录网银绑定股票账户。如果你不会操作，可以立刻给各大银行的客服打电话，他会详细为你介绍如何开通。

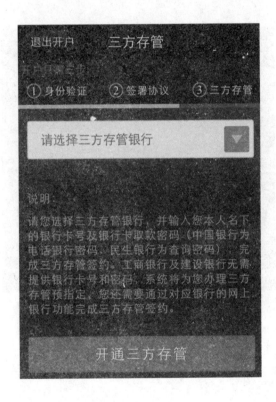

六、风险测评

七、完成

　　交易时间内开户立刻就会得到确认，非交易时间开户下个交易日确认。我当时是在当天晚上收到确认信息的。

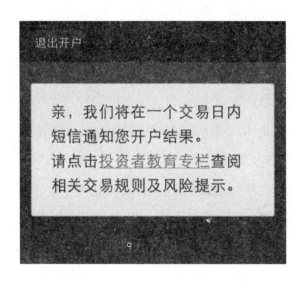

　　开户之后，就是选股购买了，这部分我就不详细介绍了，建议大家如果对股票感兴趣，可以多和身边炒股的朋友聊聊，因为他们会用实际操作故事来给你讲选股方法，这样会比你看书钻研技术类的问题有意思多了。另外，如果你的单位允许，可以在电脑上下载

一个炒股软件，没事的时候可以看一会儿，日积月累，相信你对股市慢慢就会有了自己的理解。

很多人有股票账户，但不会操作，原因是他只看着别人炒股，然后每天心情也跟着大盘涨跌起伏不定，聊起天来也是侃侃而谈，像是自己确实也参与其中了。对此我建议大家可以拿出一小部分资金来实操，因为你不下海，永远学不会游泳。

如果你实在担心股市有风险，但又想着有朝一日肯定会尝试炒股，那我建议你转存一元钱到你的银行卡，开户之后通过银行转账把钱转到股票资金账户里面去，然后再转出来，熟悉一下银证转账操作流程；也可以选择一只你分析不错的股票，做个短线交易，这样你就可以知道股票的操作了。日后你可以根据自己的需求，学习炒股知识，在时机成熟的时候，再投入大量资金。最后还要老生常谈地提醒大家一句，股市有风险，投资需谨慎，虽然我们听了很多人因为炒股一夜暴富的故事，但也要记得，还有一些人因为炒股一夜间倾家荡产，所以对炒股，希望大家谨慎对待，鸡蛋永远不要放在一个篮子里。

Chapter

3

人生需要积累，财富亦如此

//

别怕，存款清零≠资产清零

分享之前先插一小段我和老公之间的小事。Z发下工资第一时间会留够自己生活费，然后把剩下的钱都转给我。大概过了一个月，有一天他突然跟我说，老婆，我现在总觉得自己没安全感。我说为什么？他说因为我手里没钱！

看他表情就知道这件事可能真的困扰他很久了，一方面想要上缴工资，另一方面又觉得自己手里真的没钱。这也是他第一次遇到存款清零的问题。于是我拿出我们的资产表给他看，我说并非如此哦！你看，我们现在有一辆车，名下存款有XXXXXX，虽然不在你卡里，但我们是一体的！我的支付宝密码、银行卡密码你全部知道，并且你有一张大额信用卡，你需要钱，随时都可以从各个渠道支取，你怕什么呢？他想了想觉得也对，于是再没提过这件事。

无论是Z，还是我，抑或是工作几年的你们，应该都会遇到存款清零这个问题。第一次存款清零可能是买车，也可能是买房，再有就是遇到了我这种强势爱理财的女朋友！

　　我和Z第一次真正意义上的存款清零是在2015年4月份，那时候我们看上了北京近郊一套房子，Z的爸妈支援了我们一部分，但远远不够，于是我们拿出了所有存款，外加借了几万块凑齐了首付。交完首付后我和Z又是两种不同的状态。我很开心，因为距离扎根北京又近了一步！而Z又遇到了存款清零这个问题。

　　他说我们好不容易存了一笔钱，买房后一夜回到解放前了！于是我又跟他推心置腹地聊。其实很多时候男生不如女生成熟，遇到问题容易想不通，这时候女生也该站在他的立场上去解决他的困扰。

　　我第一次把存款清零这个问题想得很明白，也是在那段时间。因为最初我和Z一样，虽然买房是开心的事，但看着银行卡上的数字瞬间变为"0"也确实有失落感，我们都是普通的白领，所以那些钱是我们一点点积攒起来的。但后来我就想通了，并且也说服了Z。

　　我说能把存款清零也是一种幸福。因为存款清零并不代表资产清零，我们只是把这些钱变成了其他资产，比如房子，比如车子等。而且我们身边有太多的人，银行卡上的数字不足以支撑他们实

钱包君，是时候该醒醒了啊！

现存款变为资产这个梦想，我们目前能买自己喜欢的房子，绝对是可喜可贺的。

工作几年后，我们结婚，会遇到几次大的存款清零。比如买房，装修，买车，结婚，出国度蜜月，等等，但你们会发现，虽然每一次银行卡上的数字都瞬间变"0"，但依然会体会到百分百的幸福感。

家庭理财中我认为必不可少的一项就是梦想基金。你要为你的家庭梦想建立梦想基金，当存款达到一定数额，你就可以实现它了！这也是我们努力工作，好好生活的一个动力和目的。

其实很多时候存款清零是好事。我和Z买完房以后银行卡上基本没钱了，我们也在还外债的那几个月中学会了记账，学会了更好地整合资源。并且在买房后，我们每天想着很快就可以住上自己的房子，就每天都动力满满。于是几个月后，我们不仅还清了外债，还又积攒了几万块钱，而这时候，我又开始计划着装修，买家电，以及婚礼如何举办等。当然，当我有了这些想法的时候，也就意味着银行卡中的钱又都被我"预定"了！

工作几年后，买了房和车，再计算个人或者家庭资产的时候，就不能只简单地看银行卡上的数字了，还要算上这些固定资产，而这些固定资产，比如房产，很有可能在短期内价格上涨，这时候你就不仅做到了保值，还做到了升值！当然，房价永远是浮动的，所以如果你不是用来自住，而是用来投资，建议还是要多多考察和分析楼盘信息哦！

钱包君，是时候该醒醒了啊！

汽车小白如何选购人生中的第一辆车

工作几年后，除了买房，我们还会遇到一个新的需求就是买车。车对于大多数人来说就是代步工具，当然，也有一些人是用来彰显身份。这篇只适合那些用来挑选代步工具的汽车小白哦！

2014年5月的一天，Z突然告诉我说他摇号中签了，于是我们开始了看车、买车的历程。北京摇号非常难，有些人摇号三年多依然没中签。我们很幸运，在Z刚毕业几个月的时间里就中签了。如果你在摇号，一定要经常去看下是否中签，系统不会自己提示你，不要摇中了因为没看而错过了购车时间。

接下来就聊聊如何选购一款属于自己的汽车。

一、选车

在购车之前我们需要知道自己有多少可用资金，购车的预算是多少。然后对车的要求是什么？是安全性高还是内饰配置好？确定好这些之后，就可以网上选车了。

介绍下各个国家车的特点：

1. 日本车有经济、低油耗、设计平庸的特点，其质量可靠，做工精细。但在安全措施上，其车身在铸造时用料比较少，钢板较薄，在发动机罩和侧面防撞上可以体现，不过安全系数不低，整车质量较轻。代表车型有本田雅阁、日产颐达、骐达、丰田花冠等。

2. 德国车质量有保证，安全措施好、可靠，车身较日、韩车重，做工精细，也是名车辈出的国家。比如大众、宝马、奔驰等的全系列车型。

3. 瑞典车的安全配备是他们引以为豪的，代表车型有VOLVO（沃尔沃）。

4. 韩国的汽车工业基本上与中国同时起步，但很快赶超，其价格的优势和配置的齐全可以与日本车有一拼，油耗低、性价比高，但做工较粗糙，不过现在也改进许多。代表车型有现代、起亚、大宇等。

5. 美国车油耗大、配置全、动力强弱不一、外观设计不错，其车的块头也不小！在皮卡、SUV和大型豪华车领域优秀。代表车型有福特和通用的全系列车型。

6. 英国车是比较有贵族气息的，做工没得说，品质没得说，价格较昂贵。比如劳斯莱斯、罗孚、世爵、捷豹等。

7. 我觉得中国的汽车现在也发展得不错，作为中国人，我觉得应该支持自己国家的东西，慢慢也会赶上来的！

选车的话，直接打开易车网就可以，设置好你要的价格，车型（个人喜欢三厢车，因为我感觉十万以内的SUV都比较脆，而其他两厢车都不够漂亮），然后搜索，就可以搜到很多同等价位的车。需要注意的是，你要看厂家指导价，而不是最低价格。这个接下来细说。选好车之后，可以对比一下你选的几款车，区别和共同点是什么。

二、实地考察，试乘试驾

选好车以后，如果你心里认定了一款车，那直接找就近的4S店去看就ok。销售会给你详细介绍这款车的性能（你可以要咖啡或者饮料，4S店也提供免费午餐，如果需要，不要客气），接下来你可以要求试驾试乘。驾照驾龄一年以上可以试驾，如没有，那就试乘吧！试驾我就不讲了，试乘的话，要让开车师傅给你多讲解下这款车的优缺点。你可以提出各种问题来问。虽然预算有限，却希望在周末出去郊游的时候能打开天窗，所以，你也可以根据个人需要去挑选车型。走的时候，可以跟销售要宣传册，方便回去仔细考察这款车的配置。比如我们买车的时候，最先考虑预算问题，开始选择的是大众时尚1.4，后来问了下同学，同学说轮毂是铝合金的更好一些，不要钢的，钢的容易生锈变形，等等。于是我们升级，换了1.4舒适。这些问题都需要后期看具体资料来确定你最终的购车目标。

如果你有几款不同的车，甚至几种不同品牌的车要看，那我建议去一个集中的4S园区，北京的话，石景山、昌平都有，网上查就知道了。这样方便看车，不需要到处跑。

三、价格

一般来说我们应该参考的是厂家指导价格，因为最低价格都是需要置换的，对刚毕业几年的人来说，我们根本没有置换车。所以那个价格对我们来说毫无意义。到店考察的时候，可以问下这款车

钱包君，是时候该醒醒了啊！

的价格，让销售算一个价格给你。因为购车需要缴税、保险等，所以可能超预算。算价格的时候，记得要求只算裸车价格，不要什么精品之类，汽车装饰店里七八千能做的，外面两千不到就能搞定。问下裸车优惠多少钱，记住这个数字，然后走人。

回去之后，打开电脑，在不同网站打开这款车，询问最低价格，留电话，通常情况他会发信息给你，这个价格就是置换价格，不用理，你要做的是，等电话。销售联系你，你就直接问裸车价格。如果跟之前看车的优惠一样，那就不用记录，如果比那个低，记录下联系方式，方便日后联系。我们当时是，我和男朋友分工，我把我俩手机分别留给不同的商家，大概几个小时，我们就把北京有捷达现车的4S店过了一遍。然后就知道哪家优惠最多了。接下来就是到优惠最多的店去详谈细节。

期间我们还去参加了一个团购，但是优惠力度没有我们买车的那家店大，于是果断放弃（团购优惠跟大多数商家差不多，有时候会多一个大礼包，我感觉吧，其实都是很虚的）。

谈细节的时候，可以看下销售的胸牌，一般销售顾问拿到的价格不太好，如果可以找到销售经理，应该还能再谈下来一些。

四、购车

车也看了，款也算了。开始购车手续。在此之前，不要匆忙决定购车，我加了一个捷达群，问了下捷达这款车大家买的时候都优惠了多少，以防被坑，哈哈！然后，问了下大家对这款车的评价，比如离合高低，比如是否好开，比如是否费油，等等。

中国汽车质量网会有一些网友反映用车问题，比如漏水、漏油、熄火，等等。不用太介意这个，有一年"3·15"消费者权益保护日宝马还是奥迪不是还被驴车拉去做节目了吗。所以做个参考就行，最主要是问下周围老司机。

决定购车之后，可以让驻店银行人员给你算下贷款（即使你有付全款的能力，还是可以算下，因为现在车贷都是免息的。一般4S店会要手续费，但是贷款剩下的钱用来理财，会比你全款还赚），然后就可以决定如何购车了。

五、验车

我和男朋友完全是汽车小白，于是验车就只能看最基本的，他负责看发动机和整车生产日期、划痕等问题，我负责车里、车饰、

钱包君，是时候该醒醒了啊！

天窗、窗户是否好用等。然后发动车，听声音是否有杂音。

值得注意的是，验车的时候千万别站在车前面。我俩验车当天销售顾问去发动车，我没注意，从车前过，结果是之前开车回来的司机忘了摘挡，车发动之后立马向前冲，还好顾问猛踩刹车，要不我就不在了。还有就是可以问下店里是否送东西，比如灭火器、车套、炭包等。我们当天有活动，抽奖了，二等奖封釉。购车的时候一定问下是否有活动，可以小省一笔钱。

六、验车上牌

验车上牌是最后一步了。这个验车是去检测场的，必须工作日去。选牌号，当场能拿牌的是十个拍一个。男朋友为了选择一个自己喜欢的牌子，决定先上临牌，然后自己选择车牌。车牌这步是他操作的，他说网站车牌不要随便试，选好了不要退出来，再进去就要等半小时。拼的话无所谓，自己喜欢就好。他拼了一个寓意是我爱你某某的牌。这个我就不暴露了哈，免得日后在路上遇到你们，因为太爱我追着我跑就不好了。

最后说几点，就是贴膜之类的小贴士。膜分N多种。3M的和强生的比较好，相对贵些。在车气味散得差不多的时候去贴，没必要新车立马就贴膜。

　　其次是，车底底盘我个人觉得没必要上。我的理解就是给苹果手机上了一个厚重的外壳。如果真的需要，出厂的时候就一定都有了，那些虚的，统统可以不要。还有什么封塑，都不用。

　　也有一些人会选择购买二手车，我个人建议如果不是非常懂车的话，还是买新车，避免日后的各种小毛病和糟心事。

买房≠给银行卡打一辈子工

关于是否买房这个问题，一直是现在中国社会的热门话题。

因为中国国情特殊，房子也成为了年轻人的刚需，也正是因为此，大城市的房子才越来越贵。有些专家说中国房产有泡沫，总有一天楼市会崩塌，到时候买了房子的人就会损失惨重，对此我一向不赞同。并且我个人认为，既然是刚需，那么房价未来的涨跌对我来说意义不大。

毕业第三年，在父母的资助下我买了人生中的第一套房，次年，我和老公一起，在他爸妈的资助下买了北京附近的一套期房。这两套房子对我们来说不是刚需，而是投资保值，目前来看，因为北京的新政策，两套房子都在不断升值，其中一套已经接近翻倍。

而前不久热播的电视剧《虎妈猫爸》中的虎妈，一直想要为女儿买一套学区房，于是为了这个梦想，她和公婆吵得不可开交。父母那一代人认为买房就是背一辈子贷款，会降低生活质量，而虎妈坚持要买房，并且认为生活质量不会因此而下降。

这让我想起了我们家买房的情景。大概是我念初二的时候，我爸单位分房，单位出2万，其余的花费自己负责，自己负责的部分大概是不到15万，而如果你不参与分房，那单位的2万也没有你的。

当时我还记得我爸力劝我妈买房，理由是我和我妈都怕冷，那时候我们居住在平房里，每天早上四点多我妈都要起来去把炉子加煤加碳来保证早上起来室内温度不低。但当时我妈执意不买，原因是她计算过我家资产之后发现如果买房，贷款后的生活质量会因此降低，并且会背负很大压力。

大概过了一年，工资涨了，物价也涨了，楼价也跟着飙升起来，但我妈突然提出要买房，原因是她计算过了，工资的涨幅和我家的存款，足以买得起当时的房子，于是我们风风火火定下了第一套房。记得起初我确实担心，搬家后会不会要过每天吃米饭就咸菜的日子，结果是生活质量没有降低，反而有了大幅度提高，用我妈的话来说就是：我们过得起这样的日子了。

所以后来我对买房这件事的态度就是，每个人情况不同，买或者不买，都没错。

但贷款买房真的等于给银行打一辈子工吗？我看不然。

在一线城市，我身边很多朋友买了房子，每月还七八千的贷款，但他们的生活依然很富裕，也许他们并没有立刻住到自己的房子里，而是选择在工作地附近租住，但一旦孩子出生，或者涉及老人来京同住，他们有房子，他们不需要担心今天中介来了说房子要卖，也不用看房东脸色行事。

为何说贷款买房不一定是坏事，因为银行在为你办理贷款时，就已经为你审核了资产状况。买过房子的人都知道，办理贷款时，银行一般会要求你的薪资是还款额的几倍，否则不会贷给你。

房子对我来说就是家，是根据地，是安全感。很多人说你的安全感没必要来源于一套房子，安全感应该来自你本身。这点我同意，但我依然认为房子也可增强安全感。

买房贷款对我来说就好像信用卡消费买包一样，只是金额大小不同而已。父母那一代人的想法大多是有钱就存起来，而到了我们这一代，钱其实是在不断贬值的，一年前存在银行里的一万块，现在拿出来可能并不能买到一年前等同金额的物品。

但如果我们提前消费，日后再还，结果就对调了。可能我们今天用50万元买了房子，日后随着工资增长，社会发展，等等，其实是我们赚了。

借银行的钱，让自己过上有房的生活，何乐而不为？

试想如果你买了北京的一套房，每月还贷8000元，而你平日里租房需要3000元，虽然多出来5000元，但前者是多年以后你拥有一套自己的房子，而后者则什么都没有剩下。建议大家平时多多盘点自己的资产，多看楼盘信息，如果有合适的房产，就早早下手吧！

如何选购人生中的第一套房产

2015年4月19日，我和Z终于在看房三周后，把房子定金交了。2014年买车的时候，直播了买车的过程，买房也不例外，写给自己，也写给无数在北京漂泊，未来想要扎根北京的北漂们。

房子对我们来说，是家，是根据地。很多人说，不买房子也一样过生活，房奴多累，压力也大。但我的观点一直是，优质的生活要建立在稳定的基础上。

其实我俩刚在一起不久就去看过房子了，第一次看的是回龙观附近的，3万一平方米，需要购房资格，首付100万以上。买不起，没资格，作罢。

又过了几个月，记得是2014年七夕，我俩跑去亦庄看loft，精装修，每平方米3万以上，无须购房资格，但产权是40年，用水、用电都走商业价格，不划算，作罢。

2014年Z说，单位户口没解决，居住证也要排号，至少三四年才能办下来，于是我俩决定，先攒钱，房子以后再说。

2015年3月，跟大学舍友聊天，她说有个校友在北京边上买了，你可以了解下，于是加了QQ，聊了下，发现是潮白新城的一个楼盘。属于河北，不限购，跟北京通州仅隔了一条潮白河，燕郊就在潮白新城的北边。均价8000元，河对岸就是通州，均价2万多，于是我们决定再去看房。

最终历经三周，把房子定了。具体过程略去，给大家说下买房需要注意的几个点吧。

一、买房是大事，一定要多转，切忌一时冲动立马付款

我和Z去看房，是因为大学校友在a楼盘买了，那时候我俩手里刚巧有点钱，当时看到房子就在河边，我脑补了以后周末带着娃、带着爸妈在河边钓鱼、吃烧烤，想着我就好激动，于是立马想刷了定金。还好Z在旁边提醒我，多看看再决定，不要这么盲目。

结果是，看完a楼盘之后的第二个周六，我们找了在北京做房产销售的表弟，带了一个他认识的负责这块的项目经理一起过去，发

现还有楼盘b、c。于是我因为c楼盘距离河边开车5分钟，户型好，房间大，三室两厅两卫更加宜居而移情别恋地爱上了c楼盘。

二、靠熟人不如靠自己，切忌太相信"熟人"

自己的事情自己做，熟人只是领路，千万不能百分百听熟人的话，而是要自己去多方面了解调查，该亲力亲为的时候，一定不要懒。

三、房产商没销售，全部是代理

越来越多的楼盘都不养自己的销售了，全部是代理公司入驻，所以一个楼盘很可能有很多代理公司入驻，多打听几家，房产商给的价格一样，但各代理之间的优惠是不同的。自己多去了解，选择最优购房渠道。

四、优惠很多，但能拿到多少，还是要靠自己

暂且称表弟带来的项目经理为w吧。看房当天我们表示喜欢楼

盘c。w把a、b、c楼盘的利弊，该说的不该说的都说了。回去了解的情况基本和w说的一致，于是我们决定找时间去订房。

不巧的是赶上了Z的爸爸生病，于是这件事暂时搁置，搁置的这段时间，Z去照顾他爸，我留守，期间我加了3个业主群（混进去的，没有购房不让加，我写的验证信息是：已付款排号，预购26号楼，于是加进去了），潜水两周，除了了解楼盘信息和入住率，还得到一个很重要的信息是，有些购房者有现金返现，金额是1万。又过了段时间，有个楼盘开盘，一个群友发消息问我即将新开的26号楼楼间距怎么样，为啥是楼王等，于是我讲我了解到的信息，又问他，你有返现吗？结果是他告诉我，他找了内部的人，返现1.5万。

4月19日去订房，我跟w说：Z有同事也买了这边（假的），返现1.5万，w你帮我们也申请返现。我要更高额度，要不心里不舒服。于是w应下，说帮我们申请更高，晚上就给消息。

最终结果是除了大家都有的优惠，我们多返现1.8万。直接从首付款里减。

五、首付最多刷三张卡，多出来的，付手续费

我们用了两天时间，把首付的钱全部规整在一个卡里，这里也

提醒大家，买房的时候，最好都提前放一张卡里，多刷卡可以，但超出3张就扣手续费了。

六、贷款年限越长越好

央行不断降准降息，目前商贷利率是5.9%，我们贷款30年，月供3200（这个楼盘不支持公积金贷款，而且我们俩的公积金都是北京的），很多人说你们有能力还更多，为何不少贷几年？说一句，我俩银行卡里都没钱，全部都在理财产品，理财产品目前随便买一个，保本保收益的，年利率都在10个点，轻松跑赢贷款利率，所以我们不愿意早还，我们是用银行的钱买房，用自己的钱来钱生钱。之前写理财帖的时候，就有人很认同我的理财观念，网友评论我的帖的时候，总结了一句话也刚巧是我想说的：很多金融产品的风险来源于盲从和无知。所以未来路还长，需要学习的还很多，也建议大家不要只是抱着余额宝赚收益了，全部银行定存更是不可取。尤其是，近期央行又降利息了。（还有就是，这套房仅是作为过渡房用的，我们三四年以后肯定还要在北京买，如果月供太高，会影响我们"扎根北京"的计划。）

最终房子总价是86万多，从电商手里走，有3万抵8万，各种优惠之后，首付不到30万，月供30年，房贷3200元。距离北京最近的地铁站，开车大概15分钟左右。期房，2017年交。

我喜欢CBD，从大学开始就喜欢这里，目前在这里工作，未来，应该也不会离开这个商圈。Z未来也必然会跳槽，所以我们打算，工作未来都定在朝阳这边，买这个楼盘很方便。

不管怎么说，在我北漂的第三年，Z北漂第二年，我们买房了，双方父母都是普通工薪阶层，所以给的支持也是有限的，我们能做的，只能是靠自己。虽然距离扎根北京还有一段距离，但我们也确实在一点点靠近我们的"北京梦"，想起2014年因为Z摇到北京的车牌号，买车回来的时候，我们兴奋得在地铁上一起傻乐，说扎根北京需要很多小须须，京牌车是我们比较粗壮的小须须，给了我们很大的信心。而如今的这套近郊房，也可以算作我们扎根北京的又一根特别粗壮的小须须了，随着我们能力的提升，这些小须须会越来越多，直至真正扎根北京这片热土。

提前还贷到底划不划算呢？

刚毕业几年的年轻人们免不了涉及买房、买车之类的人生大问题。我身边不少朋友都在父母的支持下贷款买了不止一套房了，但总会有人来问我，如果突然有了一笔闲钱，是否该提前还款呢？

其实互联网时代，这类问题，只要你想搞明白，随便一搜都能找到很多篇答案，但很多人也正是因为搜到的答案实在太多，不知该从何看起，于是干脆放弃阅读。很多人习惯于做伸手党，问身边可能会知道这类问题的朋友。

想到这样的情况可能大家都会遇到，我决定把个人之前买房时做的准备工作给大家分享一下，这里我就直接用我个人的例子了，希望可以给大家带来一些帮助。

想要了解这个问题，首先我们要搞明白的事：等额本息法与等额本金法的主要区别。

等额本息法的特点是：每月的还款额相同，在月供中"本金与利息"的分配比例中，前半段时期所还的利息比例大、本金比例小，还款期限过半后逐步转为本金比例大、利息比例小。所支出的总利息比等额本金法多，而且贷款期限越长，利息相差越大。但由于该方式还款额每月相同，适宜家庭的开支计划，特别是年轻人，可以采用等额本息法，因为随着年龄增大或职位升迁，收入会增加。

等额本金法的特点是：每月的还款额不同，它是将贷款额按还款的总月数均分（等额本金），再加上上期剩余本金的月利息，形成一个月还款额，所以等额本金法第一个月的还款额最多，尔后逐月减少，越还越少。所支出的总利息比等额本息法少。但该还款方式在贷款期的前段时间还款额较高，适合在前段时间还款能力强的贷款人，年龄大的可采用等额本金法，因为随着年龄增大或退休，收入可能会减少。

分享到底该不该提前还贷之前，我想提醒大家一下，在签订购房合同时，建议大家看下具体的贷款明细，有些合同规定，如果国家降息，将从次年1月开始按照新的贷款利息偿还贷款；而有些合同会规定，无论国家是否降息，贷款利率都按照合同利率来定。第二种是不利于购房者的。因为依照现在中国的国情来看，国家很难提高购房贷款利率，而一旦国家降息，你的合同又是后者，那就意味着你无法享受到当下的优惠政策了。

等额本金和等额本息分清楚之后，再让我们回头看是否该提前还款这个问题。

一、看借款时间

如果是在还款初期，大部分利息尚未偿还，适合提前还贷；但是，如果还款已经到了中后期，利息都已经还了，再提前还款意义不大。一般来说，等额本金还款期限已经超过三分之一，等额本息还款期限已经超过二分之一，就没必要提前还款。

二、看贷款方式

如果是商业贷款利率在5%以上，部分执行上浮利率，适合提前还款；如果你本身选择的是公积金贷款，利率在3%~3.5%之间，大部分的理财产品收益率都比这高，提前还款意义不大。

三、看个人理财方式

提前还款之前不妨先想一想，有没有更好的投资理财方式？如果有更好的投资渠道，需要无贷款的房子做抵押，适合提前还款；如果无须投资，房子目前也不用作为抵押品，提前还款意义也不大。

四、看个人心理因素

对于没有投资理财习惯、对于欠款有心理压力的保守党而言，适合提前还款；对于投资者而言，能找到年利率更高的投资产品，则无须提前还款。

钱包君，是时候该醒醒了啊！

北漂如何用最低的成本租到最舒适的房子

有人说，无论你对北京爱也好，恨也好，最终，你都选择了北京，这就是北京的魅力。三年前我还没毕业，那时候对北京的印象就是，快节奏，高消费，竞争激烈、压力大。关于北京的小说看多了，不免担心自己没任何经验和准备贸然就到北京，就会不得不住进地下室，过很悲惨的生活。为了不过这样的生活，我选择先去天津预热三个月。三个月后，在北京找房找工作的同学给我回馈了很多他们的情况，我也对北京有了进一步的认识。这时的我，辞职，开始北漂。

刚过来北京面试那会儿，身上有三四千块钱的存款，那时候唯一的目标就是，花最少的钱，尽快找工作，尽快稳定下来。于是面试的晚上，如家汉庭这样的酒店我一律不考虑，而是在网上找求职公寓这样的住处。首先百度关键词：求职公寓，大学生求职公寓，等等，就可以搜到很多类似的公寓。这样的公寓有两个特点，一是安全，需要带着学生证才能入住；二是实惠，单人间每晚40元，多人间30元，可以洗澡，可以上网。这样我可以给足自己找工作的时间；另外我白天出去，行李放在公寓，有管理员给自己看着，完全不必担心财产安全问题。这样的公寓在中国各大城市都有，尤其是一二线城市，在天津面试的时候我也是住的求职公寓，房东还跟我说，出门在外，嘴甜点，没什么解决不了的事情。事实证明，这样做对自己确实很有好处。你礼貌，别人也会尊重你，礼貌待你。当然这是题外话了。

面试通过以后就涉及租房稳定下来的问题。那时候我还没毕业，工资只有2500元。又因为初来北京什么都不了解，所以更关注安全和经济划算问题，于是在赶集网找了一个部队大院，距离我公司的公交站牌只有十分钟的路程。房东就是大院里的叔叔，三层楼，我们在一楼，房子在北师大隔壁，很多合租者都是研究生，人员结构相对单纯简单。每个房间住四个人，含水电费每月房租只有290元。那个地段属于三环，后来再没遇到过那么好的房东和那么低的房租。工作半年后，我的工资涨了，也毕业了，此刻更想要有自己的私人空间，开始考虑搬家换房子。

公司在二环，那时候不想坐公交、地铁去上班，找的还是距离公司比较近的房子，这样可以走路上下班。单独租主次卧在二环大概都需要两千五，我工资虽然涨了但是负担那么高的房费还是有压力，只能搬家后住进了所谓的隔断间。二环一个隔断间，一张单人床，一个柜子，再无其他可以活动的地方。房租每月1000元。虽然地方小，但是在当时已经很满足，因为毕竟有了自己独立的空间，看电影可以尽情傻笑，委屈了可以哭，不用担心任何人看到。屋里还有自己的厨房和卫生间。舍友都是上班族，后来混熟了，大家会在周末一起打牌吃饭k歌。这样的日子持续了两年。直到2015年3月份，从没谋过面的房东突然来了，说中介跑了，让我们搬走。北京四环内的房子基本都控制在中介手里，链家和我爱我家算是比较正规的中介，其他的都不正规。2014年开始，北京开始全面整顿隔断间。这期间，不断有新闻报道，很多中介人去楼空，不负责任地跑了。我们的合同和租金都给了中介，房东来这里我们能提供的也只能是合同和付款清单。但是此刻房东强制我们搬走我们也没办法，那段时间真是无助+郁闷。我们多方面联系警察、派出所和工商局，都无果。最后实在心烦，只能干脆搬走。

那时候除了我每天步行上班外，其他同事都在昌平住。于是下班后我跟同事一起去了小辛庄，那边距离霍营地铁站十分钟的公交车程。还算方便，主要是：这里的房子大，有三十平方米，有独立卫生间和厨房，房东还每天打扫，四层楼高，安全卫生挺像公寓。看到这样的房子我毫不犹豫就租了。此刻才感受到中介真的是伤不起，跟中介租房押一付三，跟房东直租，一次付两个月就ok，只交押金300元，而且这个地方还不收水费。真是各种开心。公司在西直门，从霍营地铁出发，每天都有空车，都有座，每天都可以坐着去公司，上班路上几天就可以看完一本书。感觉每天出入地铁就像穿越一样。一进一出，两个世界。小辛庄附近还有史各庄也有这样的房子，但多方面了解后我还是觉得小辛庄相对安静。史各庄那边各种打工族都有，晚上吵得很。总之五环外，房租很优惠，每月房租只需650元，还有热水用。

下面说下几种不同渠道租房信息的优势、劣势。

1. 赶集、同城

这两个网站是打租房广告最火的网站。但大多都是中介在控制房源。四环内的偶尔看到房东直租，你打过去，依然是代理、小中介。没办法。中介还是找我爱我家和链家吧，起码正规可靠。

2. 豆瓣和水木社区

这两个很多都是二房东或者房东直租。豆瓣大多是找合租，豆瓣有很多租房小组，写的帖子也相对详细，大多楼主的相册就有房间照片，你可以直接和楼主沟通看房，甚至可以了解到未来舍友工作职业和性格等信息。水木社区的房子相对正规，大多是主卧、次卧，价格也算合理。租房的时候要记得看房产证和租房合同。

3. 自如寓

自如寓相对白领来说，更合适。因为干净、卫生、省心，有专人打扫。家具统一配套，但是价格也相对较高。四环内自如寓单间价格在1900~2200元，双人间更高。自如寓是链家旗下的一个品牌，做得还不错。房子是链家跟房主签下来，一次签三五年那种，所以你喜欢的话，可能几年内都不需要搬家了。

北漂生活辛苦，我想最多的就是因为房子，很多人为了工作近点，上班路途近点，或者住得舒服点，不得不经常搬家。希望北漂们继续坚定梦想，只要努力，就一定会找到合适的房子，最后希望北漂们都能以梦为马，离自己的目标越来越近。

工作向前（钱）看

//

你会时间管理吗？

某期线下沙龙的自由问答环节中，有位参与者向我提出了一个问题，她说："每天工作都很忙，领导总是有各种各样的任务派下来，我觉得做不完。并且很长一段时间之后，回头看我竟然发现我似乎没有什么太大收获，这让我很困惑，到底是怎么回事呢？"

现场有很多人点头，表示自己也是如此。于是我问在场所有人，有多少人会在工作开始之前给自己写一个to do list？现场有50人，只有4个人举手，其中两个人还说是公司要求的，并非自己自愿。

那次沙龙活动中我们临时选出了5位平日里不用to do list的参与者上台写下自己的日常工作，我发现他们写下来的工作非常琐碎，没有条理。之后我又请平日里会自愿写to do list的人上台，写了他们的日常工作。两个人毫无例外地非常有条理地写下了自己的工作,并且我让他们对近一个月的工作做总结,他们说得头头是道,这两位参与者可以将自己的工作分为几大块,在总结工作的时候,也能说出近期自己最大的进步是什么,以及下一步工作要做什么。

这就是区别。

时间管理有很多方法,有大家都熟知的番茄工作法,有四象限划分任务法。而在生活与工作中,想要提高效率,除了学会管理时间,还需要学会管理任务。

再举个简单的生活中的例子。关于出去逛街办事这件小事,我爸和我妈的方法态度截然不同。比如今天总共有4件事要做,我妈喜欢先做完一样,回家再想第二样要怎么做,如此一来,可能要出门好几次才能都办完。而我爸则不,他喜欢在出门前先想,四件事分别是什么,时间和地点都在哪里,大多时候他可以根据这些事情的重要紧急程度,以及线路,规划出一个最省事的方案。我爸出去办事可能只需要出一趟门,一趟下来所有事都办了。

时间和任务是不可分割的,所以通常情况下我们要把时间和任务一起管理。

我习惯晚上睡觉之前先把当日工作捋一遍,看是否都完成,顺便想一下明日必做的事情有哪些，随手写在笔记本上，次日去公司后第一时间打开笔记本，然后加上当日其他琐碎工作，列出to do list。

一、关于to do list

1. 我会把当日公司和个人所需要做的工作一条条记录下来。

2. 我会画出几条当日必须完成的事情。

3. 紧急又重要的事情我会画星标，第一时间把它解决掉，并告诉自己如果这件事不做，其他工作都无法推进。

To do list有些人说是公司要求，我个人认为这对自己也很重要，因为当你把工作都写下来，你会明晰你当日工作到底都有哪些，而当你做到一个领导层的位置，你更要清楚，你当日工作是什么，都分配给了什么人，什么时间该验收，而你自己又需要重点去跟踪什么项目。

当然，每个人都有犯懒的时候，包括我自己，所以to do list上面我会规定自己把所有重要的、今日必须完成的事情都完成，其他没有到deadline的事情，如果实在不想做，可以拖延到下一个工作日。但这也要有个限度，不能每日都拖延，因为这会使得你在deadline来临之时，非常恐慌与不安。

关于四象限：有些公司要求员工日报中写清楚to do list以及每件事情的四象限划分区域。比如，事件1是重要且紧急的，事件2是紧急不重要的，我个人觉得没必要这么复杂，因为我也曾交过一段时间的日报，但当我发送四象限日报时我会非常痛苦，可能是因为我们运营工作比较烦琐，所以一条条任务写四象限的时候我需要花费精力去想它属于什么，其实没必要，只要自己做到心中有数即可。

四象限法则是非常科学有意义的，至于如何使用，仁者见仁、智者见智。

二、关于劳逸结合

小的时候寒暑假老师都会留很多作业，那个时候在动笔写作业之前，我都会先把作业罗列出来，比如总共有几本作业册，每本多少页，寒暑假共计多少天，我预计多久写完这些作业，然后倒推，看每天具体需要完成多少。

基本上我都规定自己在15天内完成所有作业，所以按照这个进度，我需要每天至少每3小时在写作业，但这3小时我不会连续写，因为注意力不可能高度集中那么久。于是我会规定自己像上课一样，写30分钟，休息10分钟。如此一来，一天时间可以被划分为多个时间段。

因为自控力很强，所以每个寒暑假的前15天我都可以把作业写完，后面的时间，就全部用来玩！也有很多同学喜欢deadline来临之时再写，很多人会在寒暑假结束的最后三天，连夜写作业，但我做不到，因为心里想着这些事，就不能开心放肆地玩，工作后依然如此，如果有重要的工作，我一定会全力以赴先把工作完成。

劳逸结合这件事，因人而异，因时而异，比如我们有好多件工作要做，时间又有限，那么可以合理安排工作穿插着做完。

比如工作需要，我们需要短期内把英语、证券、股票分别提升到一定水平，那么我们可以看一小时英语，换下脑筋再看一小时证券，再看一小时股票，接下来循环往复，这样也可以大大提高效率。休息并不一定是完全放空自己，也可以调整思路思维，换一个信息给大脑看。

三、关于拖延症

无论是生活中还是工作中，很多人都喜欢拖延，就像上面提到的，不到deadline就不愿意动手去做，甚至到了deadline依然想办法往后拖延时间。

原因就一个字，懒。

要想治愈这种病，只能靠自己。可以适当地放松自己，但不能放纵，不然后果就是心再想要收回来很难。

平时我们总喜欢拿着手机刷网页，聊微信，以至于晚上都不能好好入睡，很多人十一点就上床，和好朋友聊几句微信互道了晚安，却迟迟不能进入睡眠状态，不是刷淘宝，就是刷朋友圈，总是有看不完的信息和内容。于是等到入睡，往往已经到了夜里一两点。次日早上起不来，工作也没有好状态，循环往复，时间久了，整个人都松散了。

我也有过这样的阶段，对我来说，工作松懈一两天不要紧，但那种状态会让你觉得整个人都松散了。

后来我规定自己晚上上床后就不要拿手机。下班后看会书，看会电视，十一点前做完所有事，把手机关掉所有网络，并且进入勿扰模式，开始准备睡觉，早上闹铃只定一个，再不像之前五分钟一个，响一次不起来，还要等下一个。这样坚持一周，好的精神状态又回来了。

钱包君，是时候该醒醒了啊！

想要成功，首先要学会正视自己的工作

　　周末和一个高中同学约了住处附近的咖啡厅见面，大概是几周前他就打电话说想要见面聊聊，因为近期的生活实在是太糟糕了，感觉再不调整自己就快崩溃了。不巧的是正赶上我那段时间特别忙，周末总在北京城区四处跑，后来终于能够抽出时间见了他一面。

　　他用手中的勺子不断地搅拌着咖啡，眉头紧锁，满怀心事。我说有什么不开心的，毕业后就你进的公司比较大，我们其他人都是在小公司里任职；你虽然单身吧，你爸妈也开明，从不催婚，你还有什么不满意的？

　　他顿了顿，说："我想辞职，因为工资满足不了我的需要。并且我对工资的要求不高，现在的工资，连我的基本要求都达不到，更让我不满意的是，大学同毕业的朋友，平均工资都比我多2000元以上，很多人还没有我的工作经验多，没有我做的事情好，可他们的工资却很高。"

他一口气说了这么多，他的不满意程度可想而知。我跟他是高中同学，高中时期他就很好强，我们从不同的大学毕业，工作这几年，我一直以为他在大公司做得很开心，没想到他有这么多不满意的地方。

他继续说，他毕业后就一直在这家公司任职，刚毕业那会儿，大家都去了小公司，只有他自己拿到了这家大公司的offer，那时候感觉自己很自豪，对工资也没有太在意，觉得钱多钱少无所谓，重要的是学到知识；并且能进入这家公司原本就是他意料之外的事，而后来能坐到高端写字楼里工作这件事，更是极大程度地满足了他的虚荣心，工资待遇那时候看得没多重要。可后来呢，同学朋友纷纷加薪，自己在这家公司已经第三年了，工资却一直不高，甚至现在已经满足不了自己的基本需求，连跟新认识的女朋友约会的付款，都捉襟见肘。

我说那为什么不换一家呢，既然有这么多不满意的地方？

他说其实就是工资低点，公司的领导同事都很好，公司里不存在像其他同学描述的那些职场里的钩心斗角，公司文化他也是认可的。很想要辞职换一份工作，但是又舍不得同事与领导。这份不舍仅仅是对人的不舍，而工作，自己这些年下来，感觉不适合自己，以后也不会再做。现在到底该怎么办，自己已经郁闷了好几周。

我听完以后的第一感觉就是，他的信息太闭塞，思维太狭隘。

首先我认为，他说他同届同学没有他做事好，没有他工作经验多，但是工资比他高两千以上，这很正常。因为职场需要的不仅仅是智商和经验，更多的是情商。大学同学班级第一第二的，现在混得并不一定就最好。还有就是所在行业不同，待遇差异也比较大，这个真没有必要太纠结。其次，他说老板好，同事好，氛围好，只是因为工资低，舍不得走。这样的情况我只能说，这个男生想问题还是不够成熟。我今年25周岁，我不知道这个年龄的男生都在想什么，起码，我开始考虑以后的事了，几年以后结婚总不能让爸妈出很多钱给你办嫁妆吧，同理，你结婚娶媳妇不能全指望家里吧？ok，想明白这个问题以后，你还觉得舍不得离开吗？赶紧走，不然过几年约会吃饭你依然捉襟见肘，并且在真的谈婚论嫁的时候，很可能爱情不是被现实打败，而是被你现在的现状打败。自己都照顾不好的情况下，又有哪个女生愿意把自己托付给你呢？

后来我和他聊了换工作这个问题。我认为，大公司是好，得看对谁来说，你如果从基层做起，很多时候，还不如在小公司学到的东西多，大公司体制复杂，加薪都有层层考核，公司经理级别的一年加薪一次可能都很难，更别提自己了。所以，定位很重要。当然这不是说不能进大公司，我个人觉得，这得分行业，如果你是技术人员，可能你在大公司，工资高学东西多，但如果你是一些基础岗位，那还不如小公司，可以提各种要求。

他毕业两年了，一分钱存款都没有，想换工作，担心没工作期间生活不下去，这是个问题。我不知道其他城市怎样，但在北京这样遍地是机会的城市，如果换个工作，我认为会很快，给够自己生活一个月的资金就行（很幸运，我当时是辞了立马就入职了新公司），这样的衔接，不会耽误下月工资按时发放。人总得有朋友吧？借一个月的生活费，说下月找工作发了工资还还是可以做到的。甚至你可以依靠信用卡，无论哪种情况，都可以很顺利地把没有工资的这几个月顺利度过。

很多人对跳槽、辞职问题很苦恼，很多人表示在毕业几年以后想换工作的时候却没有方向。前段时间还有一个姑娘，在豆瓣上跟我说想要换行业，说打算去看下行政之类的工作。我就想起前几年的热播剧《杜拉拉升职记》，似乎就是那段时间，受杜拉拉的影响吧，大家说起未来职业规划都是，我要做行政，从行政做起，然后经过自己打拼，努力再努力，最后我要混到公司顶层。其实这个现象也很正常，因为接触的圈子太小，你了解到的，只能是你接触过的行业。但是行政就真的适合你吗？

姑娘还说了，男朋友说，女生不要太辛苦，做行政办公室文员就是极好的。我个人不同意这个说法，我觉得男生有追求事业的权利，女生也有。只要在需要的时候，我们顾家，就够了。我男朋友对女生工作这件事的态度就是："你赚多少没所谓，反正我会赚得多，但是你要能在未来某天，如果我没工作的时候，养得起你自己。"其次他支持我所选择的工作，他会经常提建议或监督让我积极向上地工作。我觉得这才是一个男生该做的。

我曾经说过毕业几年以后选择跳槽或者职业的时候，不要只是横向去看，因为横向看你永远只能在某个小圈圈里面混。你可以选择继续横向发展，但如果你看到圈子里比你大一轮的人的生活现状，不是你喜欢的，甚至达不到你对未来生活的要求，那你就该换，就该变。

我辞职转行以后，跟几个同学聊过。那时候她们刚好也对自己的工作不满意，但对未来都没有清晰认识。然后我说其实没必要因为自己的专业和现有经历去限制自己的发展，要纵向看。横向的圈子，也就那样了，行业里面混两年，你肯定看得出未来十年是怎样的，那何必耗着。于是聊了我所知道的互联网，我说不要觉得互联网很高大上，其实还有很多我们可以做的事情。于是，后来我的同学辞职了，同学又跟自己的闺蜜讲了这个道理，于是她闺蜜辞职了。后来她闺蜜找到我，聊了聊面试情况，现在的她已经入职搜房网，薪资是之前的一点五倍，各项福利也都齐全了。

任何时候都不要低估了自己，也要学会跳出来看问题，除了工作生活，还要经常关注新事物，并常关注那些你身边接受新事物比较快的人。多接触下新的东西吧，无论是工作还是生活，都去转转看看，不然你只知道埋头苦干，或者只知道整天宅着抱怨生活，那就注定，你永远站在人们鄙视链的最底层。跳出来看世界，天空会变得更宽、更大。

无论是和朋友聚餐吃饭，还是在接受读者邮件问答的时候，都会遇到一个永恒的话题就是：五险一金到底怎么扣的？是否会参与扣税？为何我同学薪资没我高，到手的工资却高于我？

每每遇到这类问题，我都要长篇大论甚至附上几个表格来解释这件事，希望这篇文章可以帮大家厘清思路，以后再遇到五险一金问题，可以不被公司"坑骗"。

北京大多公司是按照实际工资来为员工上五险一金的，但也有些公司会"找漏"，例如你每月的薪资构成是基本工资+绩效工资，那就要小心了，因为很可能公司为了自己的利益把基本工资压到最低，然后绩效工资稍高，这样总额看起来似乎还不错，而实际在缴纳税金的时候，你会发现，你亏大了！当然，如果只看眼下，你可能到手的工资会比较高，但长远来看，考虑通货膨胀人民币贬值这个情况的话，其实是亏损的。

网上有各种工资计算器，大家可以根据自己的税前工资去计算下拿到的税后工资是否合理。

人脉也是投资中不可或缺的一部分

某某是个接地气的姑娘。

认识我的人，大多这样描述我。

很多人都说工作后的交际圈变小了，因为身边熟悉的人只有自己的同事，周末也没有其他什么机会去结识更多的人，而我却是认识的人越来越多。回想毕业三年认识的人，大到上市公司的部门总监，小到停车场认识的传统行业销售员，以及一群能疯到一起，玩到一起真正交心的朋友，一路走来，他们都确实帮了我很多。

看到有些人说自己毕业后变成了宅男宅女，除了没有恋爱结婚以外，交际圈也变得愈来愈小，于是我决定分享下我这些年的经历。

2011年6月距离我进入社会还有一年，那时候我的目标是，去天津实习，然后从天津过渡到北京。我从未去过天津，那时候想要了解各区发展和天津的人文、气候，等等，就随便加了一个天津的QQ好友。说明来意之后就开始问东问西，记得他是某模具工厂的员工，祖籍山东。聊了几次之后对天津也就有了比较初步的认识。结果是，认识了几天之后，他就出事了，他因为操作失误，两只手都被卷进了机器，造成双手残疾。当时他找我是想要我帮他，他觉得很无助，因为自己一个人远在天津，学历不高，不知该如何处理，工厂那边想要给几万块钱就把他打发了，他很着急，于是情急之下想到了我。

　　刚巧那时候认识一个劳务公司的负责人，他了解很多这方面的法律问题，于是我们一起协助他解决这件事，历经两个月后，终于在做了各种司法、医院鉴定之后，单位决定理赔20万元，并为他安排一个他力所能及的岗位，承诺只要他在工厂继续工作，就每月按照原来的薪水给他发工资。这件事解决之后，我们都很开心，我也是第一次真正感受到自己的价值。

　　2011年9月，我从上海回来，直奔天津去面试实习单位，他那时还在天津，于是决定让他带我去当时的求职公寓，并给我讲实习单位的行车路线。见面的时候还是很心酸的，虽然是陌生人，但毕竟是从出事到解决都全程跟踪下来了，所以见面的时候还是很不忍。我爸当时说我，胆子大，也会资源整合，总能在自己的圈子里，找到能帮助自己的人。现在看来，也确实如此。

后来我很顺利地找到了实习工作，他也决定带着赔偿款，回去山东老家生活，离开天津这个让他伤心的城市。他后来回去山东之后用赔偿款开了一个木材厂，没过多久，他就结婚了，新娘很漂亮，恋爱期间也问了我很多如何才能讨女孩子喜欢的问题，我还告诉他要自信，不能因为手的原因就自卑，他说最终能修成正果，也得感谢我。我一直都觉得，人与人之间，确实是有缘分这一说的，你认识一个人，一定有认识他的道理和原因。

6月份我们的车险就要到期了，开始联系的是闺蜜的姑姑。但刚巧那段时间她开保险代理公司的姑姑出门旅行去了，时间还很长，等她回来，我们的保险也就过期了。于是我们决定，今年的续保自己找。

上周六我们要回我老家找爸妈蹭饭过周末，早上在停车场自己洗车，一个大哥停完车带着自己的小闺女走过来问我们的车是多大排量，多少钱买的。聊天的时候看了一眼他的车，发现大哥的车跟我们同款，并且只早我们两个月购入。于是想起保险的我就继续问，大哥续保了吧？保险哪里买的？多少钱？于是一来二去我就问了他上保险地方的销售联系方式，他也加了我的微信。后续得知他是兽药销售，也做器材设备，我说我舅舅是开猪场的，日后也许还能合作！

再打电话给保险代理："您好，我是孙哥的朋友，想要问下保险代理。"

保险代理："哦，您好，孙哥和他部门的人都在我们这里上的保险，我给您算下，按照最高折扣给您计费。"

最终结果是，报价比我们之前了解的都要低，保险这件事，也就这样解决了。并且万一日后舅舅家的猪场再有什么需求，就可以用他这边的报价和网上的代理商来进行对比了。一举多得。

男朋友说看我跟别人聊天总觉得很神奇，别人说一句话他能接收到一句话的信息，我却可以延伸出很多，最终居然还能意外地把其他事情一起解决了。

平时的生活和工作中也是如此，曾经收到同行业公司的一封邮件找我去面谈，我当时想着我的工作很好就直接拒绝了，当时他们的部门老大给我回邮件说的是：不要盲目地拒绝别人的邀请，不要把自己的后路断得一干二净，要给别人机会，也是给自己一个机会。后来我去见了他，聊完之后还是坚持选择留在公司继续做我的工作，但也确实如他所说，给别人一个机会，自己也会收获很多，比如思路，比如很多除工作以外的机会。

当你成为一个很有心的人，又能够听进去各个阶段认识的人给你的建议和意见，就能够越走越顺。每个人生阶段都不愁没有贵人来扶持你，也不愁没有人关注到你。

除了这些人，这些年也结交了一群能玩到一起的朋友。我从不相信别人说的职场上、利益场上不会有真友谊。我一直信奉的是，将心比心。当你认定一个人不会对你使坏，付出百分百真心的时候，得到的，也将是百分百的真心。每个阶段都会有新的朋友，有一部分老朋友会因为越来越少的交集而变成了记忆中的好朋友，这些人虽然再见面的时候还会家长里短聊天到天明，但绝不会是你平日里能约逛街能聊自己现状的朋友。

有人说现在的交际大多是为了利益或者工作，怎么可能发展成生活中的朋友呢？还是那句话，不要骄傲，当你感受到对方的气场和自己类似，性格也差不多，大可以告诉对方说，嘿，我觉得我们除了聊工作以外，还可以成为很好的朋友。我个人是这样，所以我现在中午除了会和公司里的同事一起吃饭，还偶尔会约附近办公的出版社编辑一起吃饭聊天，我们第一次见面就觉得对方和自己气场很搭，所以很快就玩到了一起，聊感情、聊工作、聊八卦。

因为写作，也认识了一群很好的朋友。大家因为都喜欢写作聚在一起，却从未因为彼此不熟悉而假意地去谬赞，而是在一个人写得有什么不好的地方的时候，另一个立马站出来说你这里写得太烂了！时间久了，干脆也不顾忌什么，有什么说什么。偶尔不忙了，还会一起聊心事，对此我也一直很珍惜。

不要局限于某种形式，开心就好。老公都可以通过网络平台找了，还有什么能限制你去交朋友，扩大交际圈呢。不想自己待着的时候，就别继续做宅男宅女了，出去走走，平时工作生活中多和别人聊一聊，或许你就会发现，有个人，和你气场很搭，能成为很好的朋友，或者能提供给你更多的机会呢！

圈子、人脉会带给你想不到的意外惊喜

"在影响一个人晋升的各种因素中，工作表现只占10%，给人印象占30%，而在组织内曝光机会的多少则占60%。"

——哈维·柯尔曼

这句话不要太赞。我一直都觉得，不论是职场，还是生活，要想比别人看得更远，走得更快，贵人这个尤物，绝对是不可或缺的。你吭哧吭哧地努力工作，你老板一定会看到吗？你才华横溢，作品就一定会流芳百世吗？答案是否定。需要有贵人提携，增加你的曝光度。有人说贵人又不是每天都能遇到，我总不能每天都在寻找贵人中度过。嗯，这么说也不无道理。有句话怎么说的来着，机会总是留给有准备的人，贵人也一样，伯乐不会认定一匹每天都只顾低头吃草的马是千里马。想要在人生途中遇到贵人,被贵人提携,需要做些什么?来两个小故事先。

2011年我大学还没毕业,但是就业方向就已经很明确了,那时候因为是英语专业,所以立志要做一名二(min)道(zu)贩(ying)子(xiong),把中国的产品,卖到外国,然后赚美元回来。但是大家都知道,那时候毕业生就业问题很严峻,我既不是名牌大学毕业,又没有几年的实战经验,那我想要让HR选我做员工,肯定得有自己的核心竞争力,不跟毕业N年的职场大牛比,至少,我得拼过跟我一起上独木桥的同届吧。大学毕业同专业的人简直就是一个模子出来的,你有六级,人家也六级,你懂外贸术语,人家也懂,那怎么办,想来想去,决定从B2B平台入手。

我是学生,没有公司会愿意给我一个账号的,更何况账号需要付费,一年好几万大洋。办法都是人想出来的,于是我那时候就走上了寻找贵人的路。有人说二十几岁的女人想要做什么,就能做成什么。我一直坚信。然后就加入了外贸群,一个还没毕业的学生对外贸能有多少了解,甚至不知道外贸行业的水有多深。

加群之后没事就在群里潜水,看大家都讨论什么问题,从不乱发言。因为这时候附和嗯嗯啊啊是毫无意义的,大牛比你牛太多,你嗯嗯啊啊只会让人觉得你是在刷屏。大概一周之后,有个新成立的外贸部的负责人在里面问，谁知道报关报检的问题，眼睛一亮啊，有没有人会回答呢？！那时候除了这种书本知识，我再也回答不上其他了。于是我就丢了几句从书上搬来的知识，巧的是他的问题就这样解决了。

于是一来二去熟悉了，加了私Q。好巧不巧，外贸部他刚成立，有自己的工厂，在石家庄做外贸服装。说外贸部现在是五个人，员工外贸知识都不精，而他也不大懂，外贸这块全都在摸索，希望可以多帮他指点下。那时候他内贸已经做得很成熟了，工厂大概有三个楼，五层，面积不小。最关键的是，他有B2B平台，有账号。

于是我说，我对外贸目前只止步于书本，没有任何实战经验。外贸流程和所需单证，手续我都懂，我可以讲给他，但是，作为交换，他要给我一个账号，给我他的外贸员工培训资料。日后如果合适，我要进他的北京外贸部工作（当时一鼓作气说了很多，现在想想真是初生牛犊不怕虎。这是给自己留后路。当然后来我没去他公司）。

于是每周六下午，我都去电子阅览室，老板这个、老板那个地聊。有时候他是丢几个文档过来让我回去学习，有时候是远程给我讲阿里巴巴的后台操作，更多的时候，是给我丢一个询盘过来，要我写英文的函电报价（外国人的上班时间很诡异，老板当时要求，作为他培训我的回报，我要在第一时间给他回复函电。于是就经常出现我在外面玩得好好的，他一个电话就给我喊回去写函电）。

后来毕业去天津求职，我站在办公室里，面试官问我，你会什么？我指着他电脑屏幕的阿里巴巴后台说，这些，我都会。然后我说外贸函电，询盘报价外贸术语，我基本没问题。于是在刚出公司门不久，我就接到了offer。哦，对了，我不去老板的公司是有顾忌的，第一是他再大，也是男人，我再小，也是女人，熟悉的上下级关系对我没任何好处，不能冒险。第二他外贸部那时候还不是很成熟，除了样品单，基本没有长期订单。后来入职新公司之后很久没联系，他还说我有了媳妇忘了娘。那时候入职一个月还没订单，并且没有任何进展，他说你要是两个月还没有订单就赶紧转行，外贸不适合你。吓得我接下来那个月每天去很早，每天跟踪客户，终于在第六十天拿到样品单，算是完成了任务。这算是我人生中第一个贵人了，忘年交，之后来北京，推荐同学去他公司的时候，见过一面。一点不陌生，可能是唯一一会被我一生都喊作老板的人了吧？

试想当时没有他，可能我就要在外贸这条路上多跌打一段时间才能入行。从学校到社会，很顺利地入职得感谢他。

2013年下半年，因为空间日志，有个友邻关注了我，并在2014年元旦那天，我玩得正high，突然接到他的QQ消息，问我不写个年底总结？突然受宠若惊，毕竟是不认识的人，有人因为你的文字关注你，这是一件特别美妙的事。你们有机会，可以来感受下。于是当天晚上就写了一篇总结，后期机缘巧合，发在他理财网站还获奖了。

之后就觉得，文字这东西原来可以带来关注？虚荣心吧，可能是，于是开始在豆瓣频繁发文章，之后出乎意料的关注度大涨，豆瓣是个不同于微博的社区，微博可能有僵尸粉，而豆瓣，那都是实打实的真粉丝。我跟友邻没怎么聊过，甚至不知道他姓甚名谁，但是从心底感谢他，算是人生路上第二个贵人。如果没有他，也就没有今天坐在CBD写字楼里的我。我在空间发布日志，他就会评论，然后我就美半天。然后说等合集出版了，请他吃饭。

2014年4月份，那时候刚搬到新家一个月，每天不开心，因为每天公交地铁地挤着上下班不知道自己为了什么，这事我在另一篇日志里也说过。然后前东家公司里一个员工，给我说，你那么喜欢写，你要不要去试试编辑？他说你理财征文不是获奖了吗，他们在招聘编辑。他算是我职场路上第三个贵人。于是我求了链接，关注了下招聘信息，当时有家出版社的主编跟我说，如果做了编辑，可能日后会少了写作这个兴趣。于是果断放弃，心想，要玩，咱就玩个大的。于是发了简历，写了自己的求职意愿——投了毫无工作经验的运营策划。投完就觉得心里没底了。圈子里倒是有几个懂技术的，但是他们却不懂运营。

叮咚，职场贵人四号出场了。除了玩豆瓣，还玩知乎。因为知乎有很多大牛，我说过我喜欢涉猎面广的大牛。那时候加入了一个知乎群，进群的时候群管理跟我打招呼欢迎进群，我说谢谢（提裙摆），然后他说好活泼的妹子。群管理自然要比普通群员受关注，于是直接复制了昵称去知乎里搜主页，看了下，初步判断，是涉猎面很广的大牛。后来熟悉了，一起吃饭看电影玩得不亦乐乎。（我俩是朋友，你们不要想歪了）就是没聊过工作的事，只知道有段时间他跟人一起创业失败了，后来进了联通，具体做什么不清楚。后来他住的地方拆迁还是怎么地，就搬来我楼上住，成了邻居。还是没多少交集。再后来？我不就要面试嘛。我在家里对着镜子开始一遍遍演练HR会问我的问题，我要回答的问题，但是越练越乱，到最后竟然毫无思路。然后我就QQ问，阳仔你懂运营吗？他谦虚地说，略懂。我说ok我上去请教你。然后他拿着纸和笔，跟我把运营串了一遍。

大概有了思路。然后他说你作为用户，对这个网站怎么看？我说我觉得做得不够好。我觉得有两点，我希望是如何如何。他说太赞啊，梦茜，你能想到这个不容易啊。然后你们知道的，我这个人禁不住夸，然后当场就美翻了，我说真的吗，这个我可以给HR提吗？他说必须可以，明天去了，记得一定要把想法给HR说。如果通过，就算是加入互联网行业了。如此，便有了信心。于是第二天雄赳赳、气昂昂地就去面试了。后来的事情你们就知道了。

入职一周后，主管休年假，我跟着另外一个部门做推广，随便翻看QQ的时候，看到阳仔QQ签名写着求合作。我心想联通求什么合作。于是Q过去问，你们求什么合作？我们也在求合作。他说求抱大腿啊！我说你先别抱，你是做什么的？他说，联通某部门产品经理。我！这么大的事你为什么不告诉我。快来抱大腿。在此之前我俩很少聊工作，后续因为合作，他来过我公司，就觉得这一切简直不能再赞了。行业内的人都知道，运营和产品经理很多东西是相通的，所以可以请教的地方真是太多了。所以经常是，我：阳仔可以请教个问题吗？阳仔：我行吗？我：相信我，你可以的！然后balabala他讲我听着。偶尔，带着西瓜上去，我说阳仔吃西瓜，然后边吃边各种问题丢过去。有时候觉得，自己能力有限，能看到的东西也就有限，但是有些人能帮你打开一扇门，或者一扇窗，凭借那个人，你就可以看得更远、更广。

运营对我来说是全新的行业，因此需要学的东西简直太多了。于是我问，阳仔你说我要补充什么知识？他呵呵呵，你要学得很多。慢慢来。我说阳仔PS和AI你有书吗，借给我看看。他丢一个链接给我，说去学。在此也分享给大家：百度网易云课堂和网易公开课。这里面东西很全，无论是什么行业，相信都能找到你所需要的。然后推荐百度云，比U盘好用，内存大，并且不容易丢。还有记事本，特别好用。我经常记录我要做的事情或者我的想法，过段时间打开看是否已经完成。

故事讲到这里差不多结束了。既然是贵人，遇到了，就一定要珍惜。如果别人提携你了，不要忘记在对方需要帮助的时候，也搭把手。你能力有限，但每个人都不是神，总有弱势的一面。

人这一生真的很长，试想漫漫长路，只靠你自己默默低头努力，那确实太难。聪明地工作，也要聪明地生活。奋斗的路上，不要忘记去发现那些贵人，说不定他能让你少走很多弯路甚至少奋斗好几年。并且，在你力所能及的范围内，能成为别人的贵人，未尝也不是一件好事。

钱包君，是时候该醒醒了啊！

跳槽拒绝裸辞，对空窗期说不

　　工作第一年，我们大多数人往往会选择一份跟自己本专业相关的工作。

　　因为我们对社会上的各种行业了解甚少，选择对口工作的好处是，上手快，并且物尽其用，把所学应用到真实的工作中，也是一件非常必要的事情。

　　而后几年，我们开始接触更多的工作和工种，随着见识、兴趣、能力、阅历的增长，可能我们发现当下的工作不再适合自己，或者说希望可以换一个行业，这都是正常的。

　　毕业四年我跳过4次槽，前两年我的工作是外贸业务员，这个职位是我的对口工作，而对社会了解尚浅的我，也选择在这个职位上踏踏实实地做了两年。

两年后，我决定转行做运营。而在转行前，我做了充足的准备工作，面试也是在职状态，辞职当天我拿到了新公司的offer，于是我只休了一个五一假期就去新公司入职了。期间没有空当期。

转行后的第一年，我因为零基础转行，有许多需要学习的地方，于是开始踏实学习，丝毫没有动过离职的心。一年后，我感到这家公司能让我学习的东西已经很少了，在薪资待遇、学习空间都不匹配的情况下，我选择了跳槽。

这次跳槽依然是在职找工作，拿到offer之后提离职。往后的跳槽都是如此。

很多人会选择裸辞，然后去西藏、云南玩一圈再入职。不能说这样不好，只是这并不适合所有人。有些人说世界那么大，我要去看看，个人认为只能是理想状态，毕业前五年，还是踏实些好。除了踏实工作的因素外，还有一个现实因素，那就是如果你在北京工作，社保断了买房、买车会比较麻烦，所以为了社保公积金不断档，我没有裸辞过。

我个人建议跳槽要骑驴找马，避免裸辞，避免空当期。

聊起在职找工作，很多人会认为是对老东家的不忠。我觉得并非如此。

钱包君，是时候该醒醒了啊！

在这个岗位上，你必须认真负责地工作，完成每一次领导布置的任务和KPI，这一点是无疑的。但在职找工作并非不忠。因为你和公司之间签订的是雇佣协议，你是独立的个体，并非签了合同就属于公司。人在成长过程中，会有这样、那样的需求，同样的，公司在发展过程中也会有不同的人才需求，当你不满足于公司的要求，你会被解雇；反过来，当公司满足不了你的需求，你也可以离职。

在职找工作可以把彼此的成本降到最低，一般公司都会要求员工离职前一个月提交离职申请，这一个月的时间，公司会安排新的员来和你做交接，而你也可以利用这段时间去寻求新的工作机会。

并且你在职找工作会为新公司工作的薪资待遇增加砝码，因为你在职，不着急拿薪水过生活，你可以有足够的时间去和新公司周旋薪资的问题。

除了在职时期利用不忙的时间去求职外，还可以利用各种带薪假期。

比如你有7天年假还没使用，那么可以先在网上投递一波简历，把找工作的信息丢到各个行业求职群，接着跟公司请年假，那么面试邀约就会集中在年假期间。

普及小知识：《劳动法》规定，如果辞职时，你还有年假未休完，那么是有权利休完的，否则单位要支付3倍工资进行赔偿，当然这个赔偿只针对法定年假。（工作10年以下年假是5天）

钱包君，是时候该醒醒了啊！

手把手教你找到一份好工作

无论是刚毕业，还是工作几年的人，找工作对大家来说都是一个必备技能。而找到一份适合自己的好工作，更是需要一些技巧的。

2012年刚毕业，我从刚结束实习工作的天津拖着厚重的行李来到北京。还记得一下火车，暂时分不清东西南北的我，依然信心满满地告诉自己，这里是一片热土，这里机会很多，但这里的竞争压力也很大，但无论怎样，我都要在这片热土上，开出花来！

后来经历过面试求职，也经历过转行，再后来又经历过几次跳槽，随着工作经验的积累，薪资也比刚来北京的时候翻了不止一倍。在此期间，我学会了如何从容地应对面试官的提问，如何对部门领导的问题拿捏得当，学会了为自己争取尽可能多的利益。

但在跟公司和人力资源部门打交道的过程中你会发现，总有一些坑，你迈不过去，总有一些话，你不知如何接，总有一些事，你不知道如何做才是最正确的。于是我收集了平日里邮箱中问得最多的一些问题，向我的人力经理请教了一番，在《工作向前（钱）看》这个章节中，特意为大家分享，如何面对找工作中的种种问题。

一位有经验的HR一般看一份简历的时间不会超过两秒钟。

一、自荐信

1. 态度诚恳

自我评价是一个可有可无的部分，如果做得好的话可能为简历增色，如果不好则让人感觉累赘。如果你拿捏不准，建议不要写这部分。

2. 目标性

自荐信内容要和简历内容区分开，这部分主要是为了表达简历模板上没有的东西，或者特别需要向用人单位说明的东西，要有特色，没有呈现自身优势与特点，不能让用人单位更加了解自己，引起对方注意的自荐信意义不大。切忌长篇大论，因为HR每天可能看到数百份简历，如果写太长，他们会失去看下去的兴趣。

3. 自荐信可以看出一个人的生活理念与个性特征

如果你是运营，或者策划，不妨把自荐信写得生动活泼些，因为这里可以体现出你的文笔和文风。当然，通常情况下，可以把一些内在的个性化的东西抒发出来，自荐信的内容也比较容易看出一个人的生活态度与理念。比如，一份总结自己对工作和生活感受的自荐信，如果写得言辞恳切、行文激昂，就能很好地展现候选人对人坦诚、热爱生活、善于思考的特质，这对应聘是非常有利的。

4. 自荐信可以看出一个人是否细致

无论是自荐信还是简历，都需要避免错别字和错误用词。比如在应聘岗位上，有的应聘者对不同的公司与职位都发布同样的自荐信，甚至连原来应聘的岗位都没有更改，但是有些应聘者却能够把握这些细节。

有些人可能在外企工作过，所以平时讲话会中英混合，但记住自荐信和简历非必要的情况下千万别这么做，会导致HR非常反感。

5. 自荐信可以看出一个人的文字功底

比如运营或行政管理类岗位，如果应聘人员文字凌乱、逻辑不清就没有必要再考虑了。

二、如何写简历

人力经理赵博：我做了6年HR，基本一份简历一两秒就看完了。而简历作为进入企业的敲门砖，是必须严肃对待的。

最后一点主要说的是平时你要多去参加一些相关活动，建立你的个人品牌。因为每个行业的圈子都是固定的，你是一个什么样的人，你做过哪些项目，很可能人力圈子里一打听，大家都知道了。

三、面试准备

1. 知己知彼

通过网络（产品深度用户）、人脉等方式了解企业相关信息。

2. 准备充分

应对HR—STAR、5W1H。（请大家自行查询，这里不详述，根据这个框架梳理自己之前做过的项目，HR会按照这个套路对你过

去的工作经历进行提问）

3. 角色扮演

提前热身，充分考虑简历中没有涉及的问题。（建议大家在面试前梳理各项工作，做好充足准备，甚至可以找朋友来对自己发问）

4. HR看重什么？

使命、成果、能力、企业文化。

5. 主动

HR会认为候选人有规划，不是随便接受一份工作、手头有几个机会，只是在权衡。（面试者可以在面试过程中透露自己手头有几个不错的offer，来面试只是为了多几个选择）

四、如何给面试官留下深刻印象

1. 职业经历与职业生涯规划的一致性

投运营岗位千万不要说预计自己未来可能转产品经理，规划要与面试职位不冲突。

2. 千万不要透露商业机密

面试过程中切忌说我来贵司可以带走上家公司的客户，或者我可以把上家公司的商业机密透露给贵司，这是大忌。

3. 专业知识或能力的深度广度

如果你在互联网行业，一定要有geek精神。就是在某个专业里，你要做到极致，展示自己的核心竞争力，尤其是别人替代不了的。

五、面试过程中如何谈钱

1. 尽可能推迟提及薪酬问题，并让HR意识到你手里有多个offer

如果HR提问你期望薪资，一般不要直接回答，可以问对方这个职位的薪资范围是多少？如果被问是否已经有offer，这时候建议说有几个不错的offer，只是还在权衡。

2. 你目前的薪酬水平是多少？

提出高于预期的要求，制造谈薪空间，鼓励HR和你进行谈判，从而获得更好的待遇。

如果你想要拿到1.5万的薪资，就要跟HR要求1.8万，或者给一

钱包君，是时候该醒醒了啊！

个区间1.8万~2万，为自己制造价格空间。

很多HR喜欢在电话里谈薪资，你可以再约见一次HR，现场谈钱可以看到HR的表情、动作，可以为自己制造更多的机会。

六、谈薪酬的最佳时机

当你感到HR一定要招你进公司的时候。

1. 找准谈判压力点，巧妙运用压力点可以促使雇主发offer。可以利用时间压力、信息压力、终止谈判压力。

2. 绝对成交。不建议大家在第一时间接受offer，可以说考虑下再回复，尤其当薪资并没有达到你心里最佳预期的时候。也不建议HR说需要下周入职的时候立马答应，因为HR会认为你办理离职这么迅速一定在上家公司中位置不是很重要，可以拖1~2周再入职。

七、你的薪资是谁来决定的？

1. 上一份工作收入的多少。

2. 市场上同类薪资水平，可以查看行业薪酬报告。

3. 内部公平性。

一般情况下，行业和公司对职位的判断会决定你薪资的大区间，你的直属领导可以决定你薪资的小区间。

谈薪资妙招：

·了解雇主的聘用原则，如招聘原因、上任员工情况、招聘持续时间、需要在什么时间点招聘到岗，有多少合格的求职者申请过该职位等。

·别怕提出强硬的问题，如"在您的权限范围内，最高可以提供的薪酬"。不要被HR牵着走，否则会限制你搜集信息的空间。

·同级、同行间更容易分享信息。

·选择沟通的地点。

如何扩大圈子交到优质朋友

2011年9月，距离我大学毕业还有半年。我在上海接到天津面试邀约，于是提前结束了社会暑期实践，拖着行李只身去了天津，人生地不熟，并且没有一个亲戚朋友在那边接应我。那一年我21岁。

面试很顺利，当日就拿到了offer，于是我成了一家小外贸公司的业务员。公司很小，总共5个人，只有我一个女生。我办公的地方在一个三层小楼上，一楼是商户，二楼办公室，三楼住宿，但因为我是女生，所以公司为我在公司附近单租了一个一室一厅。

在陌生城市最大的挑战就是没有归属感，甚至没有可以陪你聊天的人。但一切都只是暂时的，人与人之间的联系都是循序渐进的。

入职满月的那天，我请公司同事一起去KTV玩了一下午，同时也让同事喊了他们的几个朋友，于是圈子就稍微扩大了一些，跟大家也更熟悉了。渐渐的，我们除了是工作上的好伙伴，还是生活中的好朋友，经常下班后去天津各处逛。

再后来因为业务关系，我认识了几个货运代理，我在北辰区，周末会去其他各区找货代玩，于是圈子更大了。

楼上住了一个比我大10岁的女人，我们经常见面，她冲我笑，于是我每次都会跟她说你好，但除此之外，我们很少讲话。有一日我去水房洗拖把，刚巧碰到她和她妈妈出来，我在前面走，听到她们在议论我的外套。又过了几日，我在楼道碰到她，她欲言又止，我问她，你是有话要跟我说对吗？她略害羞地说："前几日我买了一件跟你差不多的外套。"女人是世界上最奇妙的生物，但凡有一个共同点，都可以瞬间拉近距离。于是我很好奇地说：在你房间吗？穿上给我看看！

说罢她便开心地拉着我去了她的房间，拿出还没有剪掉吊牌的衣服，给我展示起来。我在一边看着，比画着哪里跟我一样，哪里跟我不同，不同的地方我会说你这个设计我更喜欢！她更开心了，试完衣服又拿出一个相册，说我给你看看我家小孩！于是整个中午我们在欢声笑语中度过了。再后来我偶尔没事就会去找她聊天，又因为她，认识了她周围的几个邻居，虽然大多数人只是见面寒暄打招呼的关系，但就是这样的小插曲，也让我在天津枯燥的工作变得有意思起来。

后来我离开了天津，到了北京，认识的人也越来越多。我回想了下，现在交往的人里面，大多是新认识的，北京不比小城，出门在外，你帮我、我帮你很正常，随着圈子的变化，你会认识，也需要认识各种不同的人。

如何去拓展圈子？除了各种渠道的牵线搭桥，还需要为不同人付出不同程度的真心。每个人的精力都是有限的，你不能平分自己的精力给每一个你认识的人，具体如何去权衡，需要根据自己的需求来。

说说不自信这回事。我个人认为无论是谈恋爱，还是交朋友，首要条件都是你本身得是一个有意思的人。每个人都可以有很多标签，你要做到每个标签都可以吸引一部分和你有相同点的人。

比如我的标签：理财，烘焙，写作，运营，喜欢组织活动，乐于倾听，等等。每个标签都可以为你吸引一些人，然后在这些人里，去挑选你真正想要发展成为朋友的人，和喜欢理财的人约个下午茶，和喜欢烘焙的人一起组织一次小的轰趴，听喜欢讲故事的人讲故事，然后和喜欢写作的人一起把故事写出来，推出去，而所有这些，慢慢你会发现这些不是独立存在的，而是融会贯通，可以彼此有交集的。

我的建议是：多接触一些事，多认识一些人，这样生活才会每天都有不同。如果喜欢读书，可以把读书笔记写下来，发表在豆瓣、简书这样的地方，时间久了，你会认识一些和你有着共同看法的陌生人，而这些人里，总有一些有缘人可以成为你一辈子的朋友；如果喜欢旅行，可以加一些驴友群，或者豆瓣小组，保证安全的前提下，和陌生人一起出行也是很有意思的！如果你的工作和我一样，需要经常和同行交流合作，那可以加一些行业群，扩大圈子的同时，说不定还找到了下次跳槽的机会。

何乐而不为？

Chapter

5

投资自己，生活从此更简单

///

学会做生活的选择题

有一天下午，公司一个姑娘找我，说她离职了。这对我来说简直太突然了，因为大概3周前，我们才刚一起做过入职培训和新人介绍。

问其原因，才知道，公司销售竞争激烈，她因为一个月没有业绩，所以离职。我问她接下来的打算，在她回答我之前，我聊了下我对销售的看法。大概就是一年多以前，我也是一名销售，后来考虑很多原因我辞职转行了，基于业绩考核压力，建议女生不要做销售。她给我的回答是：下一步依然是找销售工作。虽然很难，但她喜欢，前期可能会很辛苦，坚持挺过去，她相信后面的日子很美好。

那一刻突然觉得自己做错了。因为我差点就自以为是地为别人做了一个错误决定。我认为的，也许并不是别人认为的，我喜欢的，也许刚巧是别人讨厌的。我很欣赏这个女生，因为她虽然可能因为竞争激烈等种种原因被淘汰，但她依然坚持自己的选择，并没有因此放弃这条路。

很巧的是，晚上回来，又一个姑娘在微信公众号问我销售这个问题。她说自己毕业于985院校，学的金融，但自己想要成为一名销售，喜欢那个碰到问题，不断找解决办法的销售过程，充满了挑战，这是她想要的生活。但又担心自己因此变成女强人，从而失去了工作和生活的平衡。因为有了下午那件事，我这次就变得谨慎起来，生怕说错一句话影响别人的决定。于是我只是告诉她，现在还年轻，如果想做一件事，就大胆去做，现在选择做销售，无非两种结果：一种是成功，那就可以一直在这条路上走下去；一种是失败，发现跟自己想象的差距很大，那依然有时间去做调整。年轻就是最大的资本。

前不久还有一个女生问我如何做选择的问题。她说毕业以后一直在跟着别人做决定，从未自己选择过什么。比如刚毕业的时候，大家都说大城市不好打拼，自己也跟着同学在小城市找工作，做了两年以后发现之前几个去大城市的同学都混得不错，于是玩得好的几个人又拉着她一起去了大城市，结果在大城市过了两年又发现太累，无论如何打拼，未来都没可能留在那里，现在又想要回去。她自己描述这个过程的目的，是想让我帮她分析一下，她害怕自己的决定又是错误的。

我当时看完真的觉得不会为自己做决定太可怕了。因为你很可能不知不觉就跟着别人走了，人云亦云，甚至没有自己的一丁点儿想法。试想如果这姑娘最初就是自己在做决定，那她一定会综合考虑好各方面的因素，自己到底适合大城市还是小城市，这两个地方的生活到底有何不同，或许早就自己调查好了，也不至于都过去四年了，又回到最初的起点。

我是独生女，父母也比较民主，所以从小习惯了自己做决定，上学选专业，毕业选工作，结婚选老公，都是自己做决定。所以也从未害怕过。但也很理解不会为自己做决定的人。大学时候有个舍友，大一下半学期，我们可以选择兼读另一个学位的时候，她跟我倾诉了自己的压力，因为父母离得远，不了解现在的情况，所以没法为她做是否要兼读这个学位的决定，所以她害怕。

你们能体会吗？她害怕自己做这个是否兼读的决定。如果读，她害怕坚持不下来；如果不读，害怕大学毕业后会后悔。那时候我是班里的心理委员，于是帮她预约了心理老师。她后来描述跟老师聊完的场景，最后一个画面是抱着老师放声大哭。其实那时候我就很理解了，有些人就是这样，很少为自己做决定，但随着人慢慢长大，总要学会为自己做决定。那个过程可能很难、很痛苦，但你总要迈出这一步。

经常来找我聊天沟通的人，其实很多都是陌生网友，只是因为读了我的一些文章，所以产生信任，就来问。但其实我们并不是很熟悉。我愿意尽力帮他们，但我永远都做不到为一个人做决定。更何况，你真的放心，也愿意把自己的命运交给一个陌生人吗？

人的一生太长了，这一生里面，也会有各种各样的岔路口，你必须学会为自己做决定。需要独立思考，去考察各个因素的利弊，去了解每一个可能涉及的点，最终做出一个尽可能对的决定。当然，如果你很不巧地做了一个错误决定，那也无妨，至少你做了决定。决定错误，你也多了一次做决定的经验，下次再遇到类似情况，你会知道，如何保全自己，如何更正确地选择。

如何才能做到有效沟通？

近期发现身边很多人都不会沟通，话是说了二三十年，但沟通，着实是门学问，要做到有效沟通，也着实不易。

虽说说话方式、解决问题的方式等都因人而异，但还是想就沟通这件事聊几句。有效的沟通不仅能提高工作生活效率，还能帮你提升个人形象。

刚认识Z的时候，他经常回来抱怨说大家一起开会，他讲东西别人很多时候都听不大明白，但当另外的同事按照他的意思讲完后，别人就懂了。相处一段时间后，我发现Z讲话比较散，比如一句话里有3个点，只需讲明白这3个点就可以了，但Z会把围绕这3个点的所有问题都罗列一遍。这本身没什么错，但会让听者感到分不清重点。

后来相处久了，发现他和家人沟通也是如此，打电话的目的是这个，说的时候可能又扯到很多没用的，到了电话两头的人都快要急了的时候，还是表达得乱糟糟，让对方摸不清头脑。

我个人觉得除了和朋友闲聊天不需要逻辑外，工作中或偶尔需要严肃面对的沟通，都要以目的结果为导向，你要达成什么目的，你想要让对方了解到的点是什么，需要直奔主题，除主题外的任何话，都不要讲。如果真的有很重要的点需要补充，也要等到别人已经对你此前想要表达的观点很了解之后，再说你的补充项。

相处一年多，Z这方面大有长进，领导也愿意派给他更多任务了，现在回来经常说的是又给大家讲ppt了，表现很不错之类。所以说会沟通也是职场基本功。

近期不少人因为《零基础如何转行从事互联网运营工作？一篇小文章教给你N个技巧！》这篇文章加我，大多是来问转行或者运营问题的，慢慢就会发现，其实无论是20岁的，还是30岁的，不懂如何沟通的人绝不在少数，没有批评的意思，只是感到其实可以做得更好。

A：你好，我想问你个问题可以吗？

这种人是我个人最反感的一种。看上去很礼貌，其实很耽误大家的时间。有事说事，如果真的不能回答，对方可以直接告诉你；如果能回答，直接就给你答案了。而这样的开始谈话方式，对方需要先耐心地给你说一句可以，才能继续聊天，而这类人，后续问的问题一定不是言简意赅，而是讲故事的形式，类似我是谁谁谁，来自哪里，经历了什么，现在在做什么，想干吗，然后讲好几大段，再引出问题，很多时候我都没了看下去的耐心。

B：你好，我是通过XX了解到你的，想要就运营跟你交流下，有几个点……盼回复哦！

基本上这类我都会耐心回复，因为言简意赅，一眼看上去就知道他想干吗，我愿意交流，因为他本质上没有浪费我时间。

C：你好，我是XX的运营菜鸟，希望以后有机会合作，也希望多多指教。

这类属于白开水类型，现在看来没什么意义，但我会给他做备注，同行难免会遇到互相帮助的情况，以后真有事找我，我会记得曾经打过招呼。

D：谢谢你给我讲了这么多，以后有问题，我还可以再来请教你吗？

这类人和A类似，废话太多，如果我不忙，随时问我都耐心解答；如果我忙着，任何工作外的事情我都不会理，这句话本身就没意义，而且作为一个陌生人，谁都没义务给你承诺什么，不是吗？

E：忙什么呢？吃饭没？

这类人就差直接拉黑了，本身就是陌生人，自来熟也是我非常反感的一类人。某次回复说我不闲聊，对方回复我说：你还没了解我，就这么冷的态度对我？他一脸委屈，我一脸无奈，我为何要对一个陌生人产生兴趣？而且大多数时候大家都很忙，没事闲聊这种事我还真不喜欢。

运营那篇文章中提到一个人如果是零基础，一定要在发送简历的时候，简单讲几句自己的优点，以便提高被HR选中给面试机会的概率。有个妹子找到我，说她现在就面临这个问题，但她的观点是要写得长，因为写得长表明自己真诚、认真。

我给她举了上面的例子，每个人都有自己的生活和工作，不论是我，还是HR，闲的时候本来就很少，如果同一时间面对的人比较多，我想任何人都会在第一时间选择容易解决、简单的那一个。

沟通转行找工作问题的时候，我不喜欢长篇大论给我讲故事的人，因为我们本身就是陌生人，隔着屏幕，我对你的经历并不了解，也不想了解；本着喜欢分享的态度，有问题直接说，我很乐意解答，但如果是倾诉讲故事，更合适的对象恐怕是闺蜜吧？

而对于HR来说也是如此，你的简历本身就是最好的自我简介了，我之所以说可以写几句自己的优势，是因为跟那些经验丰富的大牛比起来，你是小白，你要用自己的几个闪光点，来吸引HR的注意力，而非你的痛苦经历，或者好几百字的自我介绍去"扰乱"HR的工作，筛选简历这项工作就是在很多人里做选择，你认为HR会选择一个给他用大段文字讲故事的人吗？这样不仅不会加分，反而会适得其反。

沟通真的是门大学问，并不是说任何时候都要目的性导向地聊天，但该严肃的时候，就要严肃，该嬉笑怒骂的时候，随便闹。如果你和同事、朋友聊天受挫，发现大家对你说的话总是摸不到头脑，或者跟陌生人说话，总让人提不起兴趣，那就是时候反观其身，看是不是自己的问题了。

纠结如何选择的时间，不如用来创造更多的机会

不止一个读者问过我，蓝田，零基础转行到互联网公司的时候，是该进入小公司从基础学起，还是连同大公司一起投简历试试呢？到底要不要考虑进大公司呢？

隔着屏幕我仿佛看到了对方紧锁的眉头和深深纠结的表情。但每逢遇到这个问题我都哑然，因为如果真的都有机会进入的话，那么面对大公司，为什么要说不呢？而要知道当你开始接触一项新鲜事物，或者尝试从未做过的工作，恐怕更多的选择权，是在对方而非我们自己手中。

但这并不影响我们去做尝试。

我是一个很懒的人，喜欢别人主动。所以我毕业那年投简历的方式跟大家可能不太一样，我是海投。原因是当时的我就是一个

不知名学校的普通毕业生，我没有任何竞争力，但我的目标非常明确，我要在北京，做一个外贸业务员，所以那时候我从没考虑过选择大公司还是小公司，也没有考虑过进入公司后要如何学习如何尽快掌握业务，因为这些对当时的我来说都是后话。

所以当时找工作也很简单，在几家我认为不错的招聘网站上搜索外贸业务员关键词，然后按照时间排序，前两页公司全选，投递。接下来要做的就是手机保持开机状态，然后在北京闲逛，有面试邀约电话就接，接了问对方薪资待遇范畴，公司产品和公司规模，如果不合适，就婉拒；如果合适，麻烦对方发地址联系方式到常用邮箱，然后根据自己的时间去安排面试。

后来我很幸运地通过了面试，就顺利入职了。第一份工作于我来说，就是用来社会实践和学习为人处世的，所以公司大小，真的没那么重要。

两年后因为个人原因，不想做外贸了，于是考虑转行。其实当时也是有一个契机的，我一个朋友说我经常逛的那家论坛在招聘编辑，问我要不要去试试，于是我去网站看了下招聘，接着就看到了运营这个岗位，当时看完第一反应是我不行，我都没接触过这个工作，甚至都不知道这个工作要做什么，但转念一想为何要给自己断了后路呢？试都没试为何就要放弃？于是鼓起勇气，去试了一把，结果还真的成功了，于是顺利转行。说到这里，也想说一句，我觉得我和问我如何选择大小公司的读者是两种情况，我是因为水到渠成，眼下刚巧有这个机会，所以没有做大小公司的选择，但如果你已经想好了路如何走，那为什么不多给自己一个机会呢？

纠结也是需要资本的，在没有任何机会的时候，你拿什么纠结？不如踏踏实实做好基本功，提升业务水平，当你到了一定高度之后，才能有底气、有资本在你能力范围内做更多的选择，如此，也才能获得更多机会。

一年后我连跳两次，入职了现在这家公司。这里分享下个人感悟：很多时候，生活不会如你所愿，不是任何事都能一步到位的，当你没有足够资本做选择的时候，定个大方向就好，然后朝着这个方向，每天进步一点点，低头踏实做好当下，然后当有天你抬起头，你会发现，机会已经到来了，而你想要的，也就距离你不远了。

突然想到其实爱情也是如此。

女生们在一起逛街聚会免不了谈论男人。很多单身的姑娘喜欢托着下巴眨着眼睛一脸呆萌地问："你们说我到底该找个什么样的男朋友呢？我妈说身高一米七就可以了，可我喜欢一米八五的啊！""你们说单眼皮男生好看，还是双眼皮男生好看？我好害怕未来孩子眼睛小啊！"

除了这些喜欢幻想的女生，还有一些女生表示对男人没信心，总觉得爱情很难走到最后。当有喜欢的男生约自己的时候，不敢去赴约，赴约了又不敢答应对方做女朋友，恋爱了又患得患失总害怕出现各种问题。每次这时候我都会劝对方说开心恋爱就好，谁说恋爱非要走到最后的，有时候失恋分手也是爱情中的一部分呢！

理智如我，总认为还没接触对方之前就瞎想是浪费时间的，人生苦短，必须性感，如果喜欢，那就在一起啊！用奇葩范湉湉的话来说那就是：不要压抑自己的天性！

爱情就是这样，不在一起，永远不知道当从陌生人变成情侣后两个人会有什么样的变化和摩擦，如果刚巧两个人很合适，那皆大欢喜，有情人终成眷属。但如果两个人在交往过程中发现彼此不合适，最终好聚好散，分开了，我觉得那也没什么不好。有些人就是这样，陪你走一段路，然后就离开，有些感情也是如此，从中感受到爱，习得爱，就足够。而当你遇到对的人，那些原本你为未来Mr. right设定的一切条条框框都可以变为浮云。

想想自己在找工作方面犯懒也就算了，找老公这件事我居然也能犯懒任性。一年半以前突然想要安定下来，于是就在豆瓣发日

钱包君，是时候该醒醒了啊！

记，说自己是个什么样的女生，想要找个什么样的男生。承蒙大家厚爱，互推互转就上了豆瓣首页，于是收到数百封邮件。因为人太多，当时在电脑上建立各种word档案，其中包括一切我在意的个人信息。现在想想简直就像自己给自己当了月老，后来如你们所知，就和千挑万选的"Z"恋爱啦，一年后顺利领证，现在就没羞没臊开开心心地生活在一起了！我曾问"Z"，为何选择给我发邮件，他说我日记里的每一句话，都符合他对未来老婆的想象。（会忽悠也是一门学问，嗯！）

从我这个角度看，工作，爱情，生活，一切都可以很简单。你只需要知道自己想要什么，而后定个方向，每天朝着这个方向走就好，因为只要方向定了，终有一天你会到达你想去的目的地。在此期间，你需要做的，不过是提升自己，去创造更多机会，然后更快、更稳地走向你要的！共勉！

全力以赴，才能离想要的生活越来越近

有人说"谁的青春不迷茫"，我很赞同。大家都是从十八九岁走过来的，必然都叛逆过，迷茫过，但是然后呢？然后我们大学毕业了，工作了，恋爱了，又过了几年，就会分出两类人。一类是深知自己要的是什么，然后不断调整脚步，朝着想要的方向一路狂奔；另一类是不紧不慢地过着日子，享受当下的恬静生活。

再过几年，这两类人的生活会离得越来越远，差距越来越大。你们有这个感受吗？回想下三四年前的那些同学和朋友，他们是不是大体分为这两类了？你是哪一类？

我对收集到的结果进行了统计：

对自己生活现状很满意的人只有10%，而一半以上的人都对自己的生活不大满意，并且不知道如何改变。

你是否信息闭塞，害怕改变？

先讲个小故事。

Z有个研究生同学，毕业一年多，现在在一家做硬件的外企工作。但去年基本一年都在出差，从聊天过程中可以看出，他并不喜欢现在的生活。一方面因为累，另一方面长期出差就意味着和女朋友异地。后来聊得多了，突然发现他的薪资居然和我的差不多。而他所理解的高薪，正是Z现在的薪资待遇。过程中还聊到另一个同学，他说那位同学辞职创业去了，他认为不应该这样做。现在创业哪里那么容易，失败了怎么办云云。我问他，为何不选择互联网公司？他说他不是科班出身，互联网公司没那么好进。但事实上，他们聊天时我听了下，Z现在工作所用的那些语言和技术，他基本全会。

回来路上Z感慨，这位同学研究生时是学生会主席，老师、同学都很喜欢他，毕业后混得不太好，感觉略可惜。我说其实他是对自己太不自信，本可以稍微努力下就够到100分，而现在却在50分线上过日子。其实这位同学也很拼，他比Z辛苦多了，加班，熬夜，长期出差，但因为给自己的定位太低，除自己行业外的信息都不关注，导致暂时只能在50分线上转来转去。

而在这50分线上，我相信他一定是一个领导、同事都喜欢的好员工，他可以把工作做得很出色。但作为旁观者，我觉得他可以跳出来，看到更大的世界，过更好的生活。至于他认为的另一个同学不该去创业的问题，我私下以为也是他信息太闭塞，他理解的创业依然停留在自己出资，放手一搏的模式，而在现在的"互联网+"的大环境下，更多的是你有想法、有技术，就会有人给你投资，或者有经济实力的人拉你一起做创业合伙人。成功了，大家都发达；失败了，你至少多了一个创业的经历，并且在这个过程中，你的薪资不会比做员工的时候差，也会认识很多平时接触不到的人。从任何一个层面来说，都是好事。

这个同学的故事让我联想到很多后台发消息给我的小伙伴。很多人都很优秀，但就是意识不到自己的优秀。原本可以拿2万元的薪资非要因为自己的信息闭塞和害怕改变而拿1万元。

面对自己想要的，你拼尽全力了吗？

讲个Z的故事。

Z第一年考研，是他爸要求的，那时候他自己并不想考。结果是混日子，成绩下来当然是没考上。接着他去找工作，发现简历投出去之后没有任何回音，那时候他慌了，于是决定不找工作，再复习一年，继续考研。

第二次考研没有任何人逼他，是他感到了自己的不足。于是这一年，他无心顾及其他，每天都认真看书，做卷子，不断学习，考完研头发长到没法看的地步。成绩下来，很满意，考研成功。

自身的驱动力，比任何人的逼迫和劝说都好使。想要，就努力去够。拼尽全力，自然会得到自己想要的。

一、狼窝or羊圈

我毕业后第一次感到迷茫是2014年，每天坐地铁去上班都不知道为了什么。后来辞职转行，换了行业换了环境，一切都是新的，开始学新的知识和技术。一年后辞职跳槽，这次不是因为迷茫，而是因为方向太明确了。我辞职后不久，另一个同事也辞职换了工作，我们两个人的状况都差不多，那就是在原来工作的基础上，换了一个稍有不同的工作。

前不久交流过一次，我们都觉得现在的公司像狼窝，而之前的公司像羊圈。二者皆没有贬义的意思。羊圈对我们来说，是一个有着自己目标，人人都很和蔼，有亲和力，以自己最舒服的状态在工作的地方，因为舒服，所以事情的推进和发展并不会太快。狼窝则不同，员工都带着一股狼性，有着团队明确的目标，所有人各司其职，做不好是会被批的，所以事情的进展也会较快。现阶段的我们，都更喜欢狼窝的生活，虽然很累，收获却很多。原本一年学到的东西，这里根本不会给你那么长的时间，领导给你一个大方向，其他的都要靠自己搞定，不会的，不擅长的，都要在短时间内变得精通熟练。

我想大部分人都是在以羊圈的姿态过生活，并不能说这种姿态不好，我想等我30多岁，有了家庭和孩子，会更喜欢羊圈的生活。而目前，更需要的是在狼窝中找到自己的位置，成为狼中强者。

有位关注者问我："你是如何做到一直努力的？又是如何熬过最难过的时光的？为何我坚持不了多久就想要放弃？"

一直努力是谬赞了，因为我偶尔也偷懒。但大部分时间是在朝着自己想要的方向努力的，因为我害怕过自己不喜欢的生活。举个例子，我刚来北京两年左右，曾经因为租房跟中介闹得很不愉快，我就想过几年以后，如果还要跟中介交涉这些事情，我会很不开心，那我就需要买房。通过努力，去年买了过渡房。上班挤地铁，偶尔遇到孕妇，看起来都已经七八个月了，我就会想，天哪，如果我怀孕的时候，还要挤地铁，那我会很不开心。于是为了买车或者怀孕了可以在家不工作也有钱赚，便一边努力工作，一边不放弃写作出版。我就是一个害怕未来不在我计划内或掌控中的人，所以不断努力去够到想要的生活。

二、伸手党

你们身边有伸手党吗？遇到任何问题都喜欢问别人，丝毫不想自己动手动脑。其实这一定程度上是害了自己。无论是生活中，还是工作上，你去看，混得不错的人，一定都是自我驱动力很强的人。他们想要做什么事情，会通过自己达成。当然过程中也会找别人帮忙，但你要明白，资源整合和伸手党本质里是有区别的。你可以有高质量的朋友圈，遇事的时候他们可以帮你解决，但绝不可能遇事了自己吩咐下去别人帮你去执行。

经常收到一些消息，说："我想转行到互联网，你给我说说都有哪些职位，这些职位都具体负责什么吧？"我会说你去某几个互联网招聘网站，先去了解下，然后看下别人的岗位要求、工作内容，再跟自己做一下匹配，看是否喜欢，是否适合。没多久，此人又回来了，说"我看了，你说我从哪个做起呢？"，每当这个时候我就会默默地火大，心想我又不了解你，我哪里知道你适合哪个。你自己都不清楚自己的定位，又如何做到让一个陌生人帮你做决定呢？如果真的想转行，那百度、知乎、豆瓣、微信自媒体，那么多平台帮你了解呢！还有人会说："我现在的生活很无聊，但不知道自己的兴趣在哪里，你说我该学些什么呢？学英语怎么样？"我觉得这类人也是因为圈子太小，圈子里的人要么没有什么喜好，要么人云亦云地去学自己原本不大感兴趣的英语了。还是那句话，多接触，多交朋友，你只有见识得多了，才能发现自己喜欢什么。就好像一个小孩子，你不带他去认识这个世界，去了解那些兴趣班，去接触其他小朋友，每天宅家里，他怎么知道自己会喜欢什么呢？

　　接触的人中，有一类和这些人是反面。他们会在看完一篇文章后说：感谢你让我又多知道了一个兼职渠道，我百度了下，已经找到三家有合作意向的公司了；你文中提到的某个点对我太有用了，我知道下一步该如何做了；除了你说的那个网站，我还有想要分享给你的类似网站。这类人，有很多是很早前就认识的，过段时间你会发现，他们的生活是越来越好的。并且这部分人，确实也有很多成了不错的朋友，因为是一类人，他们有跟你类似的经历和谈资，这就是吸引力法则，于是圈子就越来越大了。

　　很多人不知道如何去了解一个新鲜事物。我会在遇到一个自己没接触过，又很好奇的事情后，会打开N个相关网页，看上一通。看完后还有问题，再去找相关的人问，这时候你就不再是一个伸手党了，因为能自己了解的东西，你都了解过了，此时提出的问题，一定是你经过思考后的，别人也乐于解答。

1. 长期的坚持，会成为一种习惯

很多人说你是如何做到每天推送消息，每天读书写字的。刘同说过："一件事只要你坚持得足够久，'坚持'就会慢慢变成'习惯'。原本需要费力去驱动的事情就成了家常便饭，原本下定决心才能开始的事情也变得理所当然。"我非常认同这句话。其实人都有犯懒的时候，推送文章这件事，我是因为想到有这么多关注者等着我，就会立马动力满满，所以无论回家多晚，我一定会坚持发。而写作，其实也有一个痛苦的坚持过程。去年接了一本书，8万字，根据交稿日期算了下，每天至少更新2000字，开始的前三天，说实话每天都有种"想死"的感觉，每天早上一睁眼，第一反应是今天又欠编辑2000字。那种感觉，真的是希望某天不要醒来，这样就可以不写字。但有意义吗？接了就要完成。于是坚持了一天，两天，三天，到第四天，突然发现，写作这件事，成为习惯了。如果没写完，自己会很自觉地不看电视剧，写完了，会感觉全身筋骨都舒服。现在读书、写文已变成习惯，所以毫无压力。

2. 与其抱怨，不如趁早把事解决

很多人遇到问题的时候喜欢抱怨，打电话和所有能扯上关系的人去煲电话粥，说自己过得如何糟糕，工作压力如何大，领导如何难搞。我觉得还是不够忙。

曾经自己也喜欢遇到点小事就抱怨，入职新公司后，压力也很大，突然发现自己变了，不再跟很多人闲聊，当然，还是不断会有人找我问问题，但我都说抽空回复，也不会跟任何人抱怨，因为根本没时间。这件事是你的，你就得在规定时间内完成，所以大脑快速运转的都是如何解决，而非抱怨。

如果你的生活目前很糟糕，一时半会改变不了，那不如把它当成一种人生经历，当成生活考验你的一种方式，去想办法解决；如果你的工作压力很大，问题很多，不妨把它当成魔鬼训练营，因为如果连这些问题都能解决，那你一定是强者，未来跳槽，你一定会有更多的谈资和加分项。

3. 不必理会那些不喜欢你的人

写文章最初，微博大号转发我的文章，会特别在意那些评论。负面评论会让我不开心好久。现在不了，有人评论你，只能说明你出现在他的视野内了。而出现在他的视野内，我就已经很成功了。

所以不必想要所有人都喜欢你，毕竟这世界上还有很多喜欢动动嘴就发泄自己对生活不满的人。"如果你坚信你的做法显而易见是对的，那就不要去向误会的人解释了。因为他们针对的根本就不是你的做法，而是你的人。所以，你唯一要做的就是表面微笑，但心里别把他们当自己人。"无论是工作，生活，还是对自己的兴趣爱好，都是如此。与你共勉。

如果你不喜欢现在的生活，就立马做出改变。你身边一定有很多朋友、师长，去跟他们聊，聊你的困惑和迷茫，但一定要事先经过自己的思考，因为如果连你都无法描述你对生活的不满意，那别人也无法帮你走出泥潭。别人可以帮你指路，但走的人，只能是你自己。不要浑浑噩噩、不知所以地过生活，那样会让你几年后发现与同龄人的差距越来越大，你会变得不喜欢自己，对生活也失去信心。想要过上自己想要的生活，就首先要用十二分的真心和努力去对待现在的生活。

钱包君，是时候该醒醒了啊！

方向不对，努力白费，你找对方向了吗？

前几天在公众号后台收到几条消息，发消息的关注者称，自己是一个只有大专学历的北漂，在京四年，现在做的行业自己不喜欢，四年中换了几家公司，依然不满意，所以现在很迷茫。语气中还带着几分因为只有大专学历的自卑。

因为写文章，喜欢分享，也经常收到一些关注者的来信，到目前为止，不止这一个姑娘跟我坦言自己因为学历自卑，也不止她一个人在已经工作三四年后还用迷茫这个词来形容现在自己的处境。每次看到都觉得又急又气。我们这个时代，盛产鸡汤文，为什么？因为有市场。为什么有市场？因为很多人都正在经历或者将要面临人生中最迷茫的几年。这几年，只能自己度过，没有太多的人能给你好的建议，也没有太多人能给你指一条通向未来光明的路，所以每次收到类似邮件，我都会悉心去回复，因为我也曾迷茫过。但这些回复也许只能跟鸡汤文一样，让你看完第一时间感到热血沸腾，想要在读罢文章之后立马拼杀出一个未来。而后几天，又会恢复之前的状态，不知未来的路在何方。所有分享的故事，交流问题的作者，初衷都不是写鸡汤文，而是希望大家能透过故事，看到事情的本质。

人生是模仿不来的，却可以学到方法。有人说"授人以鱼，不如授人以渔"就是这个道理。并非要大家去生硬地搬套我们的生活，而是希望看到的人，能透过这些故事，针对自己的生活和工作，去做出一些相应的改变。

我并不是什么成功人士，也并不是什么高大上公司里的管理人员，我的学历也相当普通，非研究生、非本科不说，大专学历还是一个不知名的学校给的。但我很自豪地说，现在的生活状态是我想要的，我的工作，也是我热爱的。

记得刚毕业的时候，第一份工作的经理说过一句话，她说人毕业的第一个五年，至关重要，这五年将很大程度上决定你日后的生活品质和发展方向。我的第一份工作做的是外贸进出口，跟很多人一样，毕业之后，先选择对口工作，原因只有一个：不能让近些年所学浪费了。进入公司之后，才真正开始接触社会，接触这个行业，而做一两年后，也就到了你反思这份工作是否适合你，是否是你想要长期发展下去的职业的时候了。我是在工作的第二年，开始做出改变的，那时候我做的是外贸加内贸，有业绩考核，我觉得，我更希望有一份可以实践自己的想法，有时间做自己的事情的工作。但是我能了解到的行业是有限的，所以那段时期我也迷茫。

年轻的时候，一定要多接触事情，这样视野才会足够宽广。迷茫的阶段，我已经开始坚持写文字，当时有家出版社的主编我比较熟，就问是否可以转编辑，其实跨度是很大的，主编的意见是，你可以来做编辑，但是更建议你不要选择编辑，因为当你把爱好完全变为工作，就会发现，爱好并不像之前那样吸引你了。于是听从了主编的话，没有转行，但是已经明确了自己的方向。当你迷茫的时候，不一定要立马有正确方向，有时候也可以利用排除法来帮自己拿主意，当时我的想法就是，即使我不做编辑，外贸进出口，我也不会一直做下去了，我要变，而且要尽早变。

当你有了一个大概的方向之后，所做的事情便会事半功倍。并且你会发现，身边的很多资源、很多幸运，都会慢慢降临。后来因为一个很偶然的机会，我进入了互联网行业，做了运营。互联网对我来说是全新的，零基础入职，所以有很多东西要学。很多人跟我坦言，说自己虽然很清楚不喜欢现在的工作和生活，但是又不知道下一个突破口在哪里，并且也害怕如果换了一个行业，一切从头做起，这样会不会起步太晚，做不好。

我在刚做运营的第一周，主管休年假，我和另一个一同入职的同事去跟老大开会，老大提出一个想法，另一个有着五年经验的同事在一边滔滔不绝，而我因为没有任何经验只能默不作声，这使得我很自卑，回家就跟男朋友倾诉，我说我甚至都不知道有厦门小鱼这样的地方论坛，我只知道天涯、豆瓣等论坛。他安慰我说我现在刚进入互联网，是小白级别，用不了多久，你就会跟那个同事一样，什么都懂了。于是我又满血复活，接下来的时间，开始在网上吸取各种运营知识和经验。

现在我在这家公司已经做了一年多，除了积累了运营经验，还培养了一批在社区的新粉丝，每天的工作就是和用户打交道，也会和用户分享自己的生活，虽然公司不要求加班，但我因为喜欢这份工作，每天回家和节假日依然会来论坛看看，看看大家又跟我说了什么，又评价了什么。有很多关注者会经常找我聊天，还会在我连续几天不发文章的时候来问为何没有任何动态，并告诉我说，看我的日志和帖子已经成为了他们生活的一部分，一旦没了，就感到不自在。感动之余也很感慨，我想如果我还在做外贸的话，绝对不会有这样的热情和饱满的工作状态。也正是因为这样的工作状态，我在入职一年后，公司给了我满意的加薪。

我不止一次地说过，公司里除了我，要么是海归，要么是名牌大学毕业生，但我从未感到自卑过。因为在我看来，毕业两三年后，如果依然将学历看作别人的加分项，自己的减分项，那只能说明你混得不够好，也只能说明近几年内你的努力程度不够。在职期间也曾被几家同行业的公司联系过，虽然我没有离开工作单位，但还是去网上查了下公司的任职要求，大多都写着要求本科以上学历，但你们看，既然他们主动联系我，一定说明他们看重的不是学历，而是能力。所以毕业几年后，一定要有自己的核心竞争力，而非像毕业生一样，拿着一个学历的敲门砖到处找工作。

半年前有位在二线城市初中教政治的老师发邮件给我，大概意思是说，自己已经30岁了，除单身状态外，工作也不满意，原因是她一直想要到大城市闯荡，也想要进入互联网，但爸妈反对，所以一直没有实践过。看了我大部分文章之后，毅然决定改变，无论未来有多辛苦，于是发邮件来交流该如何开始第一步。

那时候我刚在运营岗位工作半年多，只能说是入门级别，但还是给了她很多建议，告诉她互联网行业类似我们这种没有技术、不懂算法的文科生可以做的事情有哪些，当时建议她不要立即辞职，而是在工作之外的时间去多接触互联网的内容，去学习去实践，当有了一定基础和了解之后，再去面试。后来忙起来就忘记了，前几天她又发邮件给我，语气中透着抑制不住的开心，她说当时听了建议，边工作边学习了解，两个月后递交了辞职申请，去上海尝试着找工作，结果是一周后就顺利入职了，现在工资虽然没有比二线城市做教师时高很多，但是每天都干劲满满，动力十足，她说之前做教师的时候，也很努力，但因为是父母安排的，不是自己喜欢的，所以总带着一种负面的情绪在工作，而现在，她觉得每天的太阳都是新的。另外，她还透漏了一个好消息，说在单位有一个男生喜欢她，目前正在考察阶段，但无论今年是否可以解决单身问题，自己都觉得这一年过得很值。

诚然，努力很重要，但有时候努力的方向，远比努力本身要重要。当你不满足于现在的生活和工作，不妨停下来，听听自己内心的声音，问问自己，到底想要什么样的生活，什么样的工作？不要惧怕未来，也不要惧怕未知的事物，想想刚毕业时候的自己，不也是什么都不懂，抱着初生牛犊不怕虎的心态在你想要的城市到处闯、到处拼？任何时候都可以选择自己想要的生活和工作，只要努力去寻找，未来的方向就会慢慢明了。

制订ABZ计划，可以让你做到生活无忧

linkedin和paypal的联合创始人Reid Hoffman有一个非常著名的ABZ理论，他认为，你在任何时刻，都要有三个计划，ABZ计划。

简单理解，A是你目前能够长期从事下去的工作，值得你持续投入，并可以获得安全感，并且这份工作，你个人还很满意。

B是除去A计划外，你给自己的一些培训机会，或者兴趣爱好，你只坚持A，可能未来某天会被其他人或者机器替代，B是除了A之外的，你愿意长期投入精力的一项属于自己的"小事业"，未来某天，机会合适，你也完全可以把B变为A。

Z是你的安全牌，假设有一天你的AB计划全部落空失败，你的Z计划，可以保证你在未来某一段时间内，可以继续保持现有的生活品质。我的理解就是一定金额的储蓄存款。

那天和Z聊起这事，我说我觉得我的ABZ一直做得还不错（傲娇脸）。2012年毕业的时候喜欢玩，思路也不清晰，只管做好自己眼前的工作。到了2013年就开始意识到想要在北京长期发展下去，决不能只有工作了，所以开始各种开源的尝试，找大学生写软文，做电话兼职，帮别人写文案，2012~2014年，我的A计划是我的第一份外贸进出口工作，我的B计划就是我的兴趣爱好读书写字，也包括由此衍生出来的开源方案，Z是我那时候为数不多的存款。

到了2014年，时机成熟，我把A辞了，把B计划发展成了A，其实就是把兴趣爱好发扬光大，进入了互联网行业做了运营。一切都是新的，小白的好处就是，你周围的任何同事，任何在这行里比你稍微有点经验的人，都可以是你的老师，接下来的一年就像饿狼一样，到处"找食吃"，一年后，吃了个半饱，开始在此基础上继续学习，期待质的变化。稳定A计划期间，也需要新的B计划，于是开始更多地尝试写各种文章，也逼着自己去适应各种平台各种读者，于是后来的B变为了自己的一些平台账号的运营和文章、书的出版，一年后，这部分也给了我很大的回报，我给Z开玩笑说，目前我的Z，就是你的全部收入。因为他现在的钱是归我管的。

想了下，如果我当时只做A，没有B，一定不会这么顺利地走到今天，他不会一步一步实现自己的北京梦。

我有个认识的朋友，她是做园林设计的，今年整个大行业不景气，年中公司集体降薪，但她一点办法都没有。很多人说既然降薪，为何不跳槽？其实是因为整个行业都这样，你跳其他公司，可能人家还正在裁员呢。于是我说，其实你可以去报个培训班学UI设计，因为大学那些设计的课程给了她很好的设计基础，她的一句话就把我堵死了。她说UI她问过了，学费要2万，我说你没有吗？她说工作两年基本都在月光，没有那么多存款。我就没继续讲了。路如何走，有多少路可以选，都是自己决定的。A计划没做好，B还没钱去发展，更别提Z，因为没有Z，于是AB都得将就。

个人认为如果你真的有很好的ABZ计划，未来的路是千万条，任你选择，而你只有A计划，还得过且过，BZ根本没想过，那未来，只能别人给你哪条路你就走哪条路，没太多选择的权利。你们呢？是否有自己的ABZ计划呢？

不留后路，才能有更好的出路

　　我有个很好的朋友，暂且称她为L吧。L君和我毕业于同一所大学，毕业后我们一起来到北京，我们曾约定要一起在北京生活，做彼此北漂路上的战友，并在刚开始北漂的时候信誓旦旦地说未来总有一天我们会扎根这里。但两年后她辞职回了老家，而我依然留在北京奋斗着。

　　毕业后的第一年，我们分别住在北京的东城和西城，距离上虽然远，但每逢周末，我们都会约到一起逛街吃饭，L君最常说的一句话就是：我感觉我的工作快做不下去了。那时候她经常抱怨说公司有种种弊病，后来的两年时间里，L君换了不下4家公司，每一家公司她都可以找出她不喜欢的地方，然后找机会辞职。而在此期间我一直在同一家公司工作，所以两年后我已经有了一笔小数额的存款，而L君则因为频繁换工作导致还在月光。

我曾问过她，留在北京对她是否是只许成功不许失败的，她说凭运气吧！如果实在不行，回去老家也未尝不可。北漂第三年我换到了一家互联网公司工作，薪资翻倍，而此时的L君，也做好了回老家的准备。后来临别时我们一起吃了饭，她感慨说很羡慕我，认为我比她幸运。

我笑着祝福她小城生活一切安好。但内心却感到，其实L君并不差，她跟我的唯一区别就在于她给自己留了后路，认为自己如果失败，还可以有退路，而我在来北京的那一天就断了自己的后路，扎根北京对我来说是只许成功不许失败的，所以我朝着目标一路狂奔，也就造就了三年后我和L君的两种结果。后来我们在网上聊过几次，L君说她很后悔，因为已经习惯了北京的快节奏，回去小城后才发现那种生活并不是她想要的。

无独有偶，L君的故事让我想起了另一位朋友Z。他曾给我讲过他考研的经历。大三的时候老师宣布接下来的日子他们有两种选择，第一是做考研准备，第二是出去找工作。于是班里同学分为两批人，其中找工作的就开始投简历，而决定考研的人又分为两类，一类是抱着必胜的决心考研；另一种是试试看，如果考不上，再去找工作。

　　Z说当时他想的是必须考上，如果考不上，也不去找工作，他会次年继续考，于是为了不再浪费一年的时间，考研期间他是拼尽了全力。当时他们在图书馆复习，去晚了就没座，宿舍楼早上5点开门，当时认真复习考研的同学会在开门前就在楼道抱着书等着，宿管阿姨楼门一开，这群人会像百米冲刺一样奔向图书馆。我想当时宿舍的大门，也许在这群人心中就是通往心仪学校的一道希望之门吧！

　　再后来Z为了复习，和另外几个同学在校外租了一个两居室，其中有两位同学每天看一会书就去打游戏，而Z那段时间强制自己不碰电脑，只专心看书。于是4个月后，Z拿到了自己想要的结果，被北京一家高校录取，而那些一边复习一边打游戏的同学，都在成绩下来后后悔没有好好复习。当时有些人甚至只考了一门就放弃了后面的考试，据Z回忆，那个时候因为错过了应届毕业生的最佳找工作时间，所以几位没考上的同学基本都没找到心仪的工作，大多选择了次年继续考研。

　　研究生毕业后，Z顺利在一家知名互联网公司找到实习工作，当时他的想法是，必须拼尽全力学习工作内容，好在实习期结束留在这家公司。实习期间公司规定每周上够4天班即可，但Z却每周上满5天，甚至周末也来公司加班学习。大约两周后，公司宣布本年度可能没有能转正的名额，这也曾让Z一度失望过。但不久他又振作起来了，想着公司只是说可能没有名额，而自己的初衷是为了学习岗位知识，即使最终留不下，相信通过这段时间的学习，出去其他公司找工作也应该是不难的，于是他依然按照之前的计划学习工作着，而另外2个实习生听说没有名额后，每周都借着参加校招的名义不来公司。眼看着半年实习期将满，Z也开始着手写简历了，突然有一天收到HR的邮件，告知他被公司录用了。

Z很欣喜，但又不明白为什么，于是办理转正手续的时候，就借机会问了HR，HR只笑着对他说了一句话：you deserve it!

事后据Z的领导说，当年公司只有一个录取名额，各组都在争，但最终还是决定留下Z，因为他平日里的表现，大家都看在眼里了。Z跟我聊这件事的时候，笑着说感谢当时的自己断了后路，没有像其他实习生那样，想着留不下就立马懈怠。

有人说：无论任何时候，都要给自己留一条后路。但在我看来，在做许多事情之前，应该先断了自己的后路，因为一旦你给自己留了退路，就会潜藏着懈怠和自我安慰。绝望的背后是希望，当你确定一件事，确立一个目标，请告诉自己只许成功，不许失败，或许只有背水一战，才能真正获得成功，在绝望中寻找希望，只有不留退路，才容易赢得你想要的出路！

Chapter 6

生活无处不理财

///

今日积累得越多，未来的路也就越广

总有人跟我感慨，你真幸运啊！非科班出身，却能进入互联网行业；非重点大学毕业，却能混得还不错；非专职作家，却能出书！

大多这些时候我都浅笑说，我确实很幸运，但殊不知幸运的背后，更多的是努力和积累。

工作中和生活中我们经常听到这样那样的抱怨，比如：

老板又让我帮她写商业材料，可这并不是我的本职工作！

我已经连续3天加班了，可我做的工作都是别人该做的！

Boss分配的工作一点儿都不公平，为何这项工作要交给我而不是他？

我根本不会做这个！交给我做我得先学习才能做，耽误公司效率还让自己劳累。

我想这些我们都遇到过，但每次遇到这种情况，我们的第一反应基本上都是上面提到的这些态度，但殊不知如果你用另一种心态做工作，可能收获的并不只是这次的项目经验。

刚毕业的时候，我在一家外贸公司做国际销售。那时业务不是很忙，刚巧公司说想要做一些网站页面，但工作量太大，公司只有一个技术，于是问公司里是否有人愿意跟技术一起做网页。

当时所有人都推脱，业务不忙的人也说自己非常忙，顾不上其他，只有我站出来说我愿意跟着学一下，帮公司做这些网页。但由于非科班出身，所以学起来非常慢，即使是非常简单的Dreamweaver软件我也学了一个星期才学会。那段时间我除了做自己的本职工作，其余时间都在跟着技术学做网页，大概用了两周的时间，我们终于把公司所有商品都做完了。很辛苦，但却很开心，因为感到自己又掌握了一个新技能。

两年后我转行进入互联网行业，第一周主管交给我一个社区后台，问我是否会操作，我大概看了下代码，就应下了这份工作。其实都是得益于两年前跟着技术做网页的那段经历，因为那段经历，让我掌握了我平日里根本不会接触到的代码，也让我在两年后转行做互联网的时候能极快地上手。

再后来我做了新媒体运营，做伪原创文章的时候经常需要找一些公众号里的视频和文字组成一篇新的文章，而用最快的速度找到文中插入的视频也是得益于当年做网页的任务，虽然从网页源代码中找到视频地址非常简单，但没有接触过的人很难想到这个方法。

有那么一年，我单身，平日里工作又不忙，于是找了个软文兼职做。再后来我发现这个工作非常简单，于是我在网上广撒网，收罗了一批大学生，跟我一起写软文。后来做得多了，有了自己的方法和思路，越做越顺，又接了许多类似的工作。一段时间后，我恋爱了，就没空打理这个小工作室，才作罢。

但这段经历对我意义非凡。

后来我做了运营，公司需要写PR文章，需要写软文，领导只需要跟我说要求，我就可以驾轻就熟了，因为我之前写过太多软文了。那时候就感到真是奇妙的工作，竟然绕了一圈还能用得上。

我有一些粉丝，总是喜欢问我这样、那样的职场问题，后来我索性开了一个公众号，专门为大家分享干货。后来有人提议让我做线下活动，于是我又找了场地，找了行业内比较牛的人，来做主讲人，为大家分享更多干货，于是在大家的支持下，我做了好多次线下活动。

参与者从陌生到熟悉，而我也从这些活动中汲取到了很多经验教训。比如最初我做活动的时候不知道要贴路引，导致很多到场者很难找到正确地点；比如我最初总是忽略让大家聊起来，虽然都是成年人，但这种场合还是需要有个人来带领大家一起认识、一起玩；比如最初我只是在自己的公众号和豆瓣账号发了活动宣传，但因为渠道有限来的人也较少，于是我开始考虑如何扩大宣传力度。

当你开始真正投入一件事的时候，进步是非常快的。所以后来我又发现了懒汉网、活动行等可以帮我宣传活动的网站和渠道，以至于后来我每次发活动当天报名人数就可以足够多。

再后来呢？我发现朋友圈也是一个非常好的推广渠道，因为人脉广，资源多，我的微信上有一千多好友，而不乏北京当地的网友。于是再组织活动的时候，往往一个渠道的人数就足够支撑我做一次活动了。

我有个朋友，一直想在北京做一个小的花室，来教白领们插花，丰富业余生活，于是我们几个人一合计，找了几个股东就开始做这件事了。

　　每个人因不同的特点和优势做了不同的分工，而我也因为有大把的渠道和资源，拿到了宣传这个工作。因为之前已经做过那些活动，于是再做的时候，就毫不费力，只需要按部就班，换下内容就可以。

　　有些人会经常抱怨工作太多，领导安排了很多自己不愿意做的、职责范围外的工作。其实我觉得如果精力够的话，可以去多接触，因为说不定某一天，你就用到了呢！

　　兴趣爱好也可以为你带来意外收获。

　　有不止一个网友问过我，如何才能提高写作水平，目的是未来有天可以出书。其实对我来说，写作这件事，最主要的还是兴趣。都说兴趣是最好的老师，如果你喜欢，那么你就可以坚持下去；如果你不喜欢，就像被逼迫着去学钢琴和跳舞的小孩子一样，每天都是不开心的状态，又何必为难自己？

　　我喜欢读书、写作，也有人喜欢画画，有人喜欢木工、羊毛毡，无论是哪一种爱好，如果是真喜欢，那么请坚持！因为兴趣爱好这件事，除了能丰富你的生活，说不定某天还会给你带来意外的惊喜！

学会为自己埋单，对你很重要

　　有个网友问："群里没有书评基础的能约书吗？因为很多次约书都没有约到。"鼹鼠的土豆回复说："很少，就算没人送书，也应该看过书吧，写个书评应该不难吧？空白页编辑没底，不愿意约。"

　　不止这一个网友，很多网友都抱怨过，为何自己约不到书。我最初在豆瓣发现可以和出版社索要新出版的书的时候，也遇到过这个问题。那还是我刚玩豆瓣不久，主页虽然有些日志，但书评页却是空的。在书评群里看到喜欢的书，去跟编辑沟通，却约不到，甚至很多时候，编辑看完个人主页，就不再理我了。后来在一次约书的时候，编辑还没看我主页的时候就问我，你写过书评吗？我说没有，然后就又没有下文了。我那时候才知道，原来是因为我书评页是空白的，所以编辑们都不敢把新书交给我。

那段时间刚搬家，手头没有什么书，于是约了一个朋友，去西单附近的三味书屋坐了一下午，目的就是看完一本书，写书评。当时看的是林海音女士写的《城南旧事》，看完回来的晚上，写了第一个书评。第二天就拿着这篇书评去跟编辑约书，很幸运，发过去立马就约到了，我为此欣喜了好久，心想只要我坚持，以后的书，一定会越来越好约的。更幸运的是，我最初约书的几个编辑都很认真负责，我写完的书评哪里不符合，哪里写得不好，他们都会指出来，我会加以改正，如此一来，书评写得比最初好了很多。

2014年一年，约了70多本书，最开始的时候，编辑们还会审核一下我的书评页，等我的书评积累得越来越多的时候，编辑们只扫一眼我的书评便会给我邮寄新书。再后来，有些编辑关注了我，熟悉我的文风和喜好，有适合我的书，或者有书评需求，就会主动找我，问是否可以帮忙写评。我也因此看了一系列我喜欢的书，并且还因此扩大了交际圈，认识了很多认真负责的编辑。

昨天在书评群看到有人问我最初遇到的问题，就想和大家分享下我的经历。你想要别人给你机会，首先就要自己充实自己，不然，你有什么资本跟别人要机会？

类似的事情，还有两件，也拿来分享给大家。我有一个很好的朋友，也喜欢写文，我签约第一本合集之后，她问我要了编辑的联系方式，说想要投稿。之后编辑回复她邮件，内容大概是，排版太乱，甚至同一篇文章中字体大小都不一样，编辑们也很忙，不可能帮你去改正这些，打开一看就很烦躁了，更别提认真审稿了。所以当时就打回去重改了。朋友说自己很受挫，被这么严厉地批评。我当时也觉得编辑说得有点过了，但现在我改观了。你自己都没有做到对自己的作品负责，那又指望谁来替你完善你的作品呢？

今天早上，又有一个网友给我发她写的文章链接，我看完第一反应就是，跟当年那个朋友一样，对自己的作品不负责。首行缩进字数都不一样，段落之间没有任何空隙，给人的感觉就是一大篇的文字扑面而来，先不说写得怎样，只这乱七八糟的排版，我就不想继续读下去了。我跟她说了这件事，她说是直接从空间复制过来的，所以也没注意。我说，你的文字很赞，能打90分，但这不负责的排版，就拉低你分数了。对于真正爱写作的人来说，每一个文字，都是自己思维和灵感的体现，我从不会把自己随便写的东西放到这里，是因为，既要对得起自己，也要对得起关注自己的读者。不想因为自己的任何一点懈怠，怠慢了我的读者。

很多时候我们都喜欢抱怨，为何别人不给自己机会，为何总遇不到贵人。其实更多的时候是，自己都没有做到最好。就像财蜜子期说的，你的努力，别人看得到；同样，你不努力，别人也看得到。尤其是写文章这种事，除了自己写，还要给别人看，如果你自己都不想看，就更不能奢求有读者喜欢你了。梦想这种事，永远都只能自己为自己埋单。

钱包君，是时候该醒醒了啊！

你是否了解并成功运用了吸引力法则

吸引定律又称吸引力法则，指思想集中在某一领域的时候，跟这个领域相关的人、事、物就会被他吸引而来。现在静下来想想，生活中你被谁吸引？又吸引了谁？

上午说起创业这个问题，有个财蜜说，她弟弟26岁创业，她自己也觉得创业这件事，年龄越小越好，因为没有负担，没有经济压力，更没有家庭压力，而他弟弟的创业成功，我想除了那些，还因为虽然年纪轻轻，但是有自己的个人魅力，有能力，所以吸引了一批可以跟着他一起干、一起闯的好员工、合伙人等。还有一些财蜜说创业应该年纪大一些，因为可以积累人脉，这个我也同意，但不能否认的是，有些人一辈子也积累不了什么人脉，导致一辈子平平淡淡。任何年纪做成一件事，都需要天时、地利、人和。

你是一个什么样的人，就会吸引什么样的人，你想成为什么样的人，就会主动靠近什么样的人。

记得有人说你想要联系到世界上任何一个人，通过6个人就可以做到。之前在某篇帖子中提到，现在这个社会，拼的不仅仅是能力，某种意义上，情商更重要。总有人说我圈子特别小，没有人可以帮我；我父母都是小城的，不懂大城市的事，帮不了我什么。我觉得这句话要放在20年前，可以说，我会同情。但是现在说，只能鄙视。父母给的圈子不喜欢，自己现有的圈子帮不了自己，求变就是了。接下来讲一件昨天遇到的小事。

我在前东家任职的时候，帮忙编辑了个公司的百度百科，然后为了关注老东家的实时新闻，偶尔会去逛老东家的贴吧，没事的时候遇到感兴趣的会跟个帖之类的。这是背景。昨天看到贴吧有新回复，有个男生在贴吧楼盘讨论帖下面回复我说有问题想问下我，私信我了，求回复。我开始以为是问楼盘的，结果打开私信发现他是问工作。大概内容就是，介绍他现在是做什么的，然后他接到我前东家的面试邀请，搜索公司信息的时候，看到了编辑人是我，又因为现在的公司项目经常出差到我老东家，所以想找到我问下前东家的情况。其实现在我也没搞懂这是什么逻辑，他具体怎么找到我，我还真没想明白。然后我就balabala把我离职时候的公司情况大概说了下，让他根据自己的情况考虑。接着他又发了个私信继续问我，网速问题打不开了，索性搜了下他的联系方式和QQ，加了QQ。（这一点我和他很像，想要找到一个人，很快就可以找到）年纪越大，越欣赏有干劲、有想法、有能力的年轻人，遇到这类人，总会忍不住想多说几句，能帮的都尽量帮。因为自己也是这样走过来的。

　　然后我跟他聊了下前东家附近的房租、吃饭均价、北京郊区房租、房价，等等。又聊了下他现在的工作和专业，接着他说我心里有谱了，感谢。我想了下，其实他这么做，一定意义上是减少了自己走弯路，我介绍的情况都属实，他根据自己的自身情况去判断，就会知道是否该来，不至于来了以后再去胡乱摸索。这类人，生活中就很灵活，即使不遇到我，也会遇到其他会给予他帮助的人。

　　今天来了就想起吸引力法则，他的那种想问题的思路，和我是一致的，我也曾经通过网络找过很多给我帮助的人，所以在他私信我的时候，我特别愿意帮助他。虽然是陌生人，但有些时候，比自己认识的人，还要想让人去帮助、引导。这也许就是吸引力法则吧？

　　我又会被谁吸引？生活中喜欢混知乎，因为大牛多，知识面会因为他们越来越广，也喜欢参加各类培训，因为经常有从BAT出来的人自己创业，跟他们面对面交流，会受益匪浅。豆瓣呢，有一批优秀的草根作者，也吸引我，因为他们的角度很独特，可以帮我指点文章和写字这个爱好。还喜欢和出版社编辑聊天，因为他们能准确把握我们能接触到的图书市场的动向，告诉我们文字该往哪个方向发展，这条路能走多远。

我想每个人都是一个单独的个体，你总会有着这样那样的特点，吸引着喜欢你、欣赏你的人，也会被你欣赏的人吸引，从而变得越来越好。万万不可以做的就是什么都不想，死宅在家里，那样，别人想要吸引你，都吸引不到，你想要吸引别人，别人也不知道有你这样一个人。

自从有了双十一、双十二，总感到这类买、买、买的节日比过年的气氛还要浓厚，早上来到办公室，大家讨论的问题都是：双十一、双十二你打算败什么？购物车里都有什么？有没有好货推荐？

等到过了购物狂欢节，大家讨论的问题又不外乎是：这次购物狂欢节你抢了多少好货？花了多少钱？都给谁买东西了？

仿佛这两天如果不买，那就是亏大发了！很多人会提前把要买的东西都算好，列个清单，然后提前加入购物车，等到狂欢节一到，大手笔的整体清空，好不快活！

钱包君，是时候该醒醒了啊！

为何要等到狂欢节再清空购物车？主要是因为这两天的价格会非常低，有些商家更是打出五折的噱头来吸引消费者。当然，除了双十一、双十二这两个购物界里的大节日，还有情人节、春节、元宵节等小节日，总之一句话，但凡是个节，线上、线下的商家都会拿来炒作一番，给每一种节日都赋予买、买、买的意义。

　　也正因为此，海豚一族就因此诞生了。

　　海豚族就是海量囤积食品一族，指由于农产品涨价导致食品价格飙升，在一片"涨"声中，不少人想赶在"涨价"之前囤积生活必需品，他们给自己取了个名字叫"海豚（囤）"，即海量囤储。所以这些市民被统称为海豚族。

　　海豚族也有两面性，有些商品适合囤货，而有些商品囤货后只能放着等过期。

　　哪些可以囤？

一、洗发液、卫生纸等生活用品

　　每逢节假日，京东、淘宝等线上商家都会打出满199减100等广告，点击进去你会发现商品琳琅满目，生活用品应有尽有。

　　这时候你就可以根据生活所需，去囤一些平时经常会用到的东西。

当然，如果你刚巧家里有很多这类商品，又想凑个买、买、买的热闹，不妨找办公室里的同事和朋友来拼单！到货后大家按照拼单详情来瓜分就好！

二、囤书

京东、当当网经常会在购物狂欢节和一些特定节日打出满减活动，还有一些值得收藏的书的打折活动，所以喜欢看书的你，不妨在这类节日的时候，去各个网站搜寻一圈，说不定就会淘到你喜欢的、性价比非常高的图书哦！书不会过期，如果喜欢，可以囤许多，放在家里，慢慢品读。而在我们办公室，每逢打折，也会有同事发起囤书活动。我们会把各自想买的书单和各自手里已有的图书一起发给发起人，一起买，最后分享各自的图书，这样不仅省了钱，还做到了资源互换，互通有无。

三、囤优惠券

其实我最常囤的就是各种优惠券和团购券。主要原因是我外出吃饭比较多。很多人问外出吃饭随时吃、随时买不就可以了？

并非如此。有些团购券需要你提前一天团购才可以。除此之外，有些商家的团购券有限时折扣、限时满减的活动。

比如我非常喜欢吃一家餐厅的虾和螃蟹，平时团购是99元双人餐，但遇到限时打折，只需要70多元就可以。团购券一段时间内不会过期，所以遇到打折情况我一般会多团购几张放着，等到用的时候直接使用即可。

如果你和我一样喜欢吃，又有固定消费的商家，不妨关注下他们的限时打折信息哦！

说完可以囤的商品，再来说说囤了也无用，有时还会浪费钱的商品吧！

很多姑娘喜欢在出国的时候，路过免税店，疯狂买一波护肤品。其中包括自己平日里用的，有朋友推荐的，还有一些经不住实体店店员现场演示效果有多好而购买的商品，而除了自己经常用的护肤品外，可能其他的买回去都是放着过期的。

我个人犯过囤积面膜和防晒霜的错误。

每次和闺蜜一起逛街，看到各种各样、不同功效的面膜就忍不住剁手，于是开启买、买、买模式，刚买回来几天新鲜得很，每天晚上都要敷一片才能安心入睡，但坚持不了几天就会觉得太麻烦了，接着告诉自己一周两次就可以了，再然后一周一次，直到放在角落等着落灰过期，再也想不起来。

再者就是防晒霜，每年夏天都要出去旅行，免不了要做好防晒，出行之前总有人建议买各种防晒霜。去了实体店更是眼花缭乱，想着买吧，夏天那么长，总会用得完，结果是买太多，剩下的全部等着过期。

当然，也有一些女生比较勤快，买了一定会用，但还是建议大家，在做囤货一族的时候，不要太盲目，不要认为当下买了就是赚了，要理智消费，想一下真的需要再买。

钱包君，是时候该醒醒了啊！

理财=开源+节流

很多读者，尤其是处在学校里的学生很喜欢问我一个问题：目前手上没闲钱，如何理财？

我个人认为如果你处在一个手上缺钱的状态，不妨考虑除了节流以外，去多多开源。

诚然，工资肯定是我们的收入主要来源，但工作外，我们依然可以找到很多开源赚钱的方法。可能我是金牛座吧，从小就非常看重金钱，我想这并不是什么坏事，就像我经常说的那样：女子爱财，取之有道。

接下来分享下我从高中开始的开源方法和途径。这些方法不一定适用于每一个人，但我想总会对你们有些启发，很多读者已经有了孩子，所以我想一些小故事或许对你们在培养孩子的理财观上也会有一些帮助。

一、高中时期，卖平安果

那时候我们那边流行跟身边朋友、同学要硬币的玩法，大概就是攒够24个一毛钱，买平安果送给自己想要送的人。也有人直接花2.4元去买，送给老师和同学。于是，我回家给我爸说，我想要卖平安果。高中，很少有人想要做小生意，我爸开始没同意，在我连续几天哼哼唧唧表示不满的情况下，最终我爸同意了，于是，从圣诞节开始前的一周，我们去农贸市场买了苹果、橙子，买了包装纸，然后我爸负责学校门口，我负责学校内部，学校外面的就不用说了，学校内部，我是先卖给本班同学，然后同学们互相传开，广告就打出去了。最终由于竞争激烈，学校门口，超市也有卖，我们赚了一箱苹果钱回来，也超级开心，那一年，我19岁。

二、大学参加各种兼职，电话卡销售，服务员，清洁工

最牛的一次是做新东方英语杂志的校园代理，跟同学一起，带领几十个人一起卖杂志，大学期间收获几百元，不多，但是很

有意义。

三、重点干货来了，猪八戒网兼职

刚提到的财蜜也说自己用猪八戒开源，但是效果不佳，原因是需求投标的人很多，中标机会不多。我当时是这样操作的：选择我可以做的软文，然后不看投标人的内容和实力，直接联系需求人，跟他说我的优势，什么纯原创啊，什么交稿时间准时啊，什么灵活啊，长期合作啦之类，然后他同意说只要我写了，符合要求就一定中标，我才会写，只要联系到让我写的，都通过了，于是，几天下来，联系到几家公司都可以长期合作，接下来我在豆瓣和其他兼职网站，大面积撒广告，招了七八十个大学生，帮我写软文，一来为大学生提供一个可靠的兼职渠道，二来我自己腾出空来，拉其他小生意。当时办了个群，叫梦起源工作室，这样就可以把大家凝聚在一起，有任务了，大家很快完成，不需要督促。而且当时为大家提供互助服务，就是谁有问题，求职的，找房的，丢群里，都互相帮助解决，来北京的，我都帮忙介绍求职公寓，所以群里氛围相当融洽。我每天晚上就收集文章，给大家算工资，学生没什么钱，有很多时候，公司还没给我费用，我审核没问题，就直接给他们发了，基本一周发一次工资，并且设立了奖励机制，比如交稿数量达到多少的，我奖励30~50元不等。大家都很积极。20天赚了一千多。

软文交给大学生去写之后，我又开发了一个，哈哈，现在想想真是财迷哈，在一个贴吧找了个高校，帮忙改教师的论文。职业技术学校老师的论文，要求飘红不能高于20%，他们给的稿件很多都是直接复制的，飘红都标记了，这样的价格比较高，我一般交给我关系好的去做了，然后教给他们方法。

我是英语专业的，然后就知道，百度翻译很好用啊，当你将一段汉语翻译为英语，再将英语复制，翻译为中文的时候，你会发现，来回翻译之后，意思一样，说法全变了，基本改改通顺之后，就不会继续飘红了。所以改论文，我基本都用这个方法了。超快。

统计大家稿件数目和应发工资的时候，开始超级头大，我数学不好，每天晚上做这个做得我头大，那时候的男朋友帮忙写了个公式，我每天打开excel直接一拉，工资、收益，一目了然。后来做了20多天以后，忙着恋爱，把这件事就搁置了，群里一个很好的学生，接了去，继续做了，现在群还在，没删，万一哪天还需要呢。

关于猪八戒，网站说不建议线下交易，但是通过猪八戒直接打款的，猪八戒扣佣金，我跟这些公司熟悉之后都直接走私下交易，我知道这不对，但是……你懂的。

钱包君，是时候该醒醒了啊！

四、稿费

我没投过稿，如果写得还不错，可以去各大网站发帖，文艺小清新的就去豆瓣，豆瓣有很多出版社编辑在上面，每天扒拉好的文章，说不定哪天就看到你的。然后选中，有稿费。具体多少，因出版社不同而不同。

是谁说过，工资就是你最大的源头，所以干好本职工作，才是最最重要的。当然，除了本职工作，生活中开源的地方也有很多。

什么淘宝刷钻，我觉得只要找我交钱的，都不靠谱。

在开源的路上，当你发现一个方法，先去动动脑筋，说不定，会比别人少走很多弯路，这个社会，需要小聪明。

待人真诚，即使是陌生人。

我比较话唠，这大家都知道。也因为写文章，有些网友很信任我。于是遇到问题，都喜欢发邮件给我。他们写1000多字，我可能回复两三千字，所以粉丝都是忠粉，有事随时可以联系得到。讲两个小故事吧。

有个姑娘联系我，问各种问题，于是我知道了她的学校在哪里，前段时间想要学着组里一个姐妹去卖多肉植物，不知道去哪里卖好，于是就想到了这个姑娘的学校，就在我住处附近，结果她很热心地帮我观察了三天，说客流量不错，周围没城管，有学校，还有小区，可以来卖。于是我就省去了大把的前期市场调查时间。后来我没去卖，是因为我又接到了新的开源，这是后话。

还是一个姑娘，一年前说自己高中毕业就工作了，没方向、没动力，于是聊了很多告诉我说聊完方向清晰了，自己会努力。事后我早忘记了。前几天联系我，说自己后来找到了喜欢的工作，并且在曾经打工的店里找到了一个做零食的合伙人，一起在朋友圈卖零食。我很开心她有这样的进步，她接着说，因为需要打广告，所以就想到我了。问我是否可以。我说没问题，本想免费的，但她坚持给钱，于是我说那就50元意思下好了，她惊讶说这怎么可以，太低了，于是又坚持寄了一些店里的零食给我，后来我写了一条软文帮她推广，后期她说广告帮她带去了很多客户。虽然打广告赚钱不是目的，却也是最初自己热心的结果。

五、圈子很重要，人脉有时候就是金钱

写作方面的开源，是我做得最多的。我觉得对你有用的人，你可以多聊几句，没必要扭捏。继续讲故事好了。

1. 有时候会遇到约稿的编辑，约一篇，我一般会多丢几个链

接给编辑，这样即使他不用，也会知道你的风格不止一种，下次再有这样的机会，他会继续找你。所以目前即使是合集，也有1约了我，2又来约我的。多说一句，可能就多一条路。

2. 我超级喜欢和30多岁的人聊天，很奇怪的是30多岁的人也很喜欢和我聊。所以原创作者里，我的朋友大多都是三十几岁的。有时候会聊家庭、聊工作，这个时代，交到真心的朋友不易。有个原创作者，她近期来北京谈出版的时候，约我一起去，但我因为有事没去，她还是跟出版社提了我的文章，问是否能一起签。她还讲了很多关于写作、关于签约的具体问题，总之获益匪浅。

六、充分利用自己的时间，抓住一切可能

2013年我做软文的时候，还兼顾做着楼盘问询电话的兼职。当时因为有自己组织的"工作室"，所以根本无须再招人，直接跟群里喊一声，谁愿意做，直接就能用。

婚姻不是一场简单的交易，而是复杂的合作

当今社会，物欲横飞，很多人都感慨说爱情在这个时代是一个奢侈品，拥有不起，也有很多人说，即使这世上有真爱，也不会降临在我身上。我是25岁领证结婚的，所以就爱情这个话题，我想延伸一下，让我们来聊聊婚姻。

其实我个人不反感相亲，虽说相亲是先问清对方是半斤，而自己是八两才能与其相匹配，但其实本质里这并没有什么错。看问题的角度不同罢了。

试想如果你已经单身很多年，并且原因并不是你不够好，而是没有社交圈子，认识不到更多的异性而导致至今单身，那相亲其实未必不是一个认识异性的好的途径。

我和我老公是在豆瓣网认识的，当时我处于事业、情场两失

意的状态，于是写了一篇日记，感慨当下的生活，并说明了自己是一个什么样的女生，想要一个什么样的男朋友，结果这篇日记被推到了豆瓣首页，一个周末我收到了300多封邮件，这些男生都非常诚恳，有的长篇大论，讲自己是一个什么样的人，想要找的就是我这样的姑娘，有的虽然短短一小段，但还是交代了自己的各方面情况，于是我把这些男生中觉得还不错的都在桌面建立了word文档，其中包括他们的姓名、身高、家乡、工作、相片等一切我感兴趣的问题，最终在里面选择了一位，也就是我如今的老公作为长期交往对象来发展。

这段感情后来因为发展顺利，我们又在相识一周年的日子里领了结婚证而被网友周知。有的人感慨爱情如此奇妙，竟然这样也能成功，也有些人私下里认为我这样做太功利，因为把当时的应征者全部建档归类筛选比对这件事在大家看来确实非常功利化。

有那么一段时间我也在想，我是否太现实了？

后来有位长者在一次公开场合聊到我的婚姻和爱情，他很严肃地跟在座的听众讲，他认为我的爱情和婚姻非常成功，并且非常赞同我这么做。第一我没有麻烦任何人，就找到了这么多的备选资源，第二我用大数据分析的方法，筛选出了一个跟我非常匹配的老公，这是非常了不起的。用他的话来说，因为我考量了每个男生的各个维度，最终选出了一个我最喜欢的，从本质上来讲，我降低了婚姻的容错率。

他说现代社会为何有这么多离婚的？就是因为最初的时候没有考虑到日后的生活、两个人的家庭、社会背景、成长经历等，如果非常不匹配，就会造成婚姻的容错率高，而导致离婚。现代社会中很少有青蛙王子灰姑娘的案例。

当时在场的听众纷纷点头，表示认同了他的看法。后来他继续说，我身边这位姑娘，是我见过的为数不多的能活明白的年轻人。为什么这么说？因为她知道自己想要什么。

正如长者所说，我是个知道自己想要什么的姑娘。找男朋友的时候，我告诉自己，也告诉对方，我恋爱就是奔结婚，所以抱着玩玩看心态的男生，请远离，我的爱情，非诚勿扰。

而在遇到我老公之前，我对自己的未来也已经有了明确的规划，大方向就是我一定要留在北京。所以我对未来老公的挑选上，一定是能和我一起奋斗，有能力和我一起实现扎根北京梦想的人。而那些想着工作几年就回去小城生活，或者抱着一辈子不买房、租房过的男生，则不在我的考虑范围内。我个人觉得这并不是功利，而是知道自己想要什么。试想如果我找了一位跟我能力薪资不匹配的男生，我们一起生活几年，他因为北京压力大，想要回去小城，到时候会怎样呢？一定是争吵不断，最终导致分开。

为何说自己不功利？那是因为我对一个男生的家庭背景没有任何要求，无论他是农村的，还是城里的，只要个人能力强，有自己的计划和目标，并愿意为之奋斗就好。老公就是这样一个人，他家里条件非常一般，甚至在我们买房、结婚这样的大事上，家里能给的支援也是非常有限的，但这并不影响我们相爱。当然，这些全部都是从现实角度去看的。

我老公曾经说过，我和周围的朋友，其实都不是一路人，因为我们的目标不同，价值观不同。但他很开心的一点就是，他和我本质里是一路人，虽然我比较外向而他偏内敛，虽然他做事更喜欢维稳而我更偏向于激进，但我们终归是一路人，我们都想要留在北京，都愿意为了这个梦想去努力奋斗，也愿意彼此扶持着，一起前进。

结婚后我发现，爱情可能是一个人付出多一些，另一个人得到的多一些，这种爱情也是好的爱情，因为有时候爱情就是周瑜打黄盖，一个愿打一个愿挨的事。但好的婚姻则不同，好的婚姻一定是双方势均力敌的。

如果你的工作能力很强，能赚到足够的钱来撑起这个家，那么另一方就要有很好的生活能力，能把家里家外打理得妥妥当当，让你免去后顾之忧专心在外面打拼，这样你们的生活才会越过越好，毕竟强强联合，好过一个人单打独斗。

我爸妈结婚20多年，一直非常和睦，用我爸的话来说就是他娶了一个"大脑"，而我妈则嫁给了"四肢"。

我爸动手能力强，而我妈思考能力强，他们两个人一起生活，非常和谐，彼此欣赏，又一起协作，一个对生活、对家庭有了新的想法，另一个在赞同后会立马去行动。而也正因为此，爸妈在他们那代人中，是周围人人羡慕的模范夫妻，而在这样家庭中出生的我，也就变成了阳光积极向上的姑娘。

邻居家的张阿姨和王叔则不同，在我10岁、他家孩子12岁的时候，他们就离婚了。张阿姨和王叔是自由恋爱，王叔看上了张阿姨家里的条件，而张阿姨则只是单纯看上了王叔年轻时的帅气，恋爱时期两个人卿卿我我并没有什么不妥，于是匆匆结婚，结果结婚后才发现王叔好吃懒做，工作中总是和同事搞得很不愉快，而又仗着张阿姨家条件不错，就想着每天在家不去上班，靠啃老过生活，那个年代的啃老和如今又不同，张阿姨好强，看不惯这样好吃懒做的老公，但为了孩子还是隐忍了数十年，于是在孩子懂事之后，张阿姨提出了离婚。

张阿姨和王叔有爱情吗？我想最初也是有的，只是随着时光的流逝，随着家长里短的小事，再加上两个人婚后性格和行动上的不和谐，导致了最终婚姻的失败。

有人问我，如何才能确认面前这个人是否可以过一辈子呢？

我想只有时间能给我们答案。而在最初，我们只能是去多多和对方相处，多经历一些事情，然后在办事、过生活的过程中，看清对方到底是否适合自己。同时也建议所有想要进入婚姻的读者，不妨在婚前来一次长途旅行，因为就像曾经看到过的一句话一样：在旅途中，舟车劳顿，每个人都会因为疲于应付而展现出真实的自己，而这个时候，对方的一切优缺点就都暴露出来了，彼时再看对方，可能他比你想象中的更好，也有可能比你平日里看到的更坏，而这个时候，你应该对未来，对身边的人，也能做到大概的心中有数了吧。

婚姻不是一场简单的交易，而是复杂的合作。人生那么长，想要找到一个真正适合自己的人，确实不易；但也千万不要因为不易，因为疲于寻找，而随便将就应付，因为婚姻是一辈子的事，你要对自己负责，也要对对方负责。

带着爸妈去旅行攻略

由于领证结婚，2015年便成了理论上最后一个我会和爸妈一起过的新年。于是我和Z很早就计划着要带着爸妈一起去度蜜月。

现在我们已回国，由于这次出国筹划周到，我们在泰国和中国澳门度过了非常愉快的7天。有很多小伙伴说也想带着爸妈出国，今天就来分享下我总结的一些经验吧！

一、说服父母，共同出行

小时候都是爸妈带着我到处看世界，长大后出游不是和朋友就是和恋人，这是我第一次带爸妈出国旅行。最初他们是拒绝的，认为我们年轻，去哪里都方便，只要我们开心他们就幸福了，但最终还是没能拗过我们，于是我爸带着我妈开开心心地去办了护照。这一点我想很多爸妈都一样，子女的幸福是他们最大的快乐；但话说回来，很多时候父母好吃好穿地供养着子女，却很少考虑到自己，也不舍得为自己多花钱。所以如果儿女有能力，还是要多带爸妈出去走走看看。

平日里我们忙生活、忙工作，偶尔有时间回家陪爸妈，也免不了被各种事情分身。这次旅行的时候，我干脆直接换成了国外电话卡（泰国电话卡7天无线wifi国内淘宝40元包邮，可以给爸妈开热点，一张卡就够了），一身轻松地和爸妈还有Z度过了愉快的7天。

小贴士：尽早办理护照，除此之外，还要准备2寸白底照片，方便办理签证。

二、定目的地和行程

由于带父母，再加上是出国旅行，我们选择了跟团游。

目前国内有多条线路以及N家旅行社供我们选择，我和Z的想法是，既要有人文，又要有自然。于是我们选择的线路是泰国曼谷、芭堤雅，以及沙美岛。

我是金牛座，出行也要考虑最划算的路线。我精挑细选了一个在回国时澳门转机的团，这样的好处是我们可以在澳门待一天，可

钱包君，是时候该醒醒了啊！

以带爸妈去赌场，去大三巴等地转转。带父母出游，体力允许的情况下，就是要尽可能多地去看。单来澳门需要通行证，还需要一笔费用，而转机可以省去这笔费用，何乐而不为？

通过对比婚博会，以及各种旅行社的价格后，我选择了一个驻扎在商场里的旅行社，费用是3900+600元自费。

泰国规定，外籍人员入境，需要携带5000元等额现金。很少有查的，但还是带上妥帖，万一被查，出行心情就破坏了。当然，如果可以，带人民币也是可以的，因为不涉及汇率问题。兑换少量外币即可，因为很多商场都是可以刷卡的。

三、准备行李

衣服：我们出游的时间，北京是冬季，泰国是夏季，澳门是秋季。所带的衣服标准是：一定会穿！

如果只是觉得拍照好看可能会穿，一定不要带！太累赘，一两件看不出什么，堆起来累死人……尽可能地少带，如果你要去的国家是夏季，衣服带够一天一身即可，切忌都带上去国外现选穿哪身。

泳衣、泳裤、泳帽以及运动鞋和凉拖。（我旅行的时候从不穿高跟鞋，平底鞋也可以很美，而且安全舒适）

一般来说，两个人的行李，24寸行李箱，一周的行程，装够半箱就够了。

药品：父母的常备药。我爸妈很健康，但我妈还是准备了速效救心丸。除此之外，常用药可以带几种，比如泻立停、晕车药。有蚊虫叮咬一定要带。

雨伞，指甲刀，墨镜，太阳帽，防晒霜，牙刷，牙膏，洗面奶，剃须刀，毛巾，等等。（国外很多酒店因为环保不提供洗漱用品）

小贴士：小时候都是爸妈教我们各种技能，长大了，我们也要善为人师。

比如整理行李箱，你要耐心地告诉爸妈，充电器不能放在行李箱里，要和手机等电子用品随身携带，而乳液、膏状化妆品一律放入箱内。

为了最大限度地利用旅行箱，衣服采用滚筒的方式叠放。

推荐护照包，入境卡、护照、钱、身份证、手机，都可以放进去，淘宝买，十多块钱一个。

四、交通工具

如果带爸妈一起出国，尽量选择转机。长时间飞行会非常累。

钱包君，是时候该醒醒了啊！

转机虽然看起来麻烦，但可以临时休息活动，还可以带着他们在免税店逛逛，一举多得。

很多国家交通靠左行驶，所以记得嘱咐他们，出国过马路一定注意安全。

乘船、乘机要多照顾他们的情绪和身体，如有不适，要尽快处理。

五、吃住问题

旅行期间可能会吃各种食物，有很多当地特色爸妈可能会吃不惯，建议大家睡前先去便利店为他们准备一些零食，晚上饿了可以吃。我和Z到每个酒店后第一件事都是弄清楚附近哪里有711或者小超市。

到酒店后，我和Z一般是先去爸妈房间。有以下几件事你可以做：

1. 打开所有柜子抽屉，告诉他们哪些东西可以用，吹风机在哪里，等等。

2. 告知父母酒店里的矿泉水和食品，哪些是免费的，付费的价格表在哪里，等等。一般来说，挂着大吊牌那个就是免费的饮用水，有的是玻璃瓶，有的是塑料瓶。

3. 告知父母淋浴哪边是热哪边是冷。大多酒店和国内相同，蓝色代表冷水，红色代表热水，也有些酒店用英文字母代替，c代表cold，h代表hot。要提前告知，以防烫伤。

4. 洗发液和沐浴露的英文单词是什么，如何区分。酒店可能会有很多小物件，这两样是必须告知的。

5. 如何拨打你房间的电话，叫早是几点，等等。

6. 遇到有给小费习惯的国家，提前准备相应的小费放在父母床头。

7. 如果晚上需要出去，先去前台要一张酒店名片，走丢了，拿出名片还是可以顺利回来。

六、出行交流问题

爸妈会外语的请忽略，如果不会，可以简单教几句，比如toilet这个词，在常去的国家还是很好用的。简单几个单词即可。我们去泰国的时候，我爸妈对学当地语言就很有兴趣，导游教的基本都记住了。

七、放开了玩

我们这次出行，有个项目是泼水节。互不认识的好多团的人

钱包君，是时候该醒醒了啊！

一起换上当地服装，在音乐的指挥下拿器具盛水互相泼，代表祝福与希望。然后就看到爸妈还有一些六七十岁的人都跟孩子似的，跑着、笑着、闹着，接着还有风靡全球的小苹果舞蹈，所有人都跟着跳，那一刻真是放下了所有，只顾着开心。

八、多多拍照

父母出来一趟不容易，尽可能多地留下他们的欢声笑语，照片不够还有视频，回国后他们可以跟好朋友、亲戚等分享他们的快乐。

抓拍也很赞，父母一起牵手过马路，爸爸拿着椰子汁给妈妈喝，等等，很多动人的瞬间，要学会捕捉，就像小时候他们用相机记录你的一哭一笑一样！

九、伴手礼不能少

父母出国玩，很多情况是提前跟亲戚、朋友就分享过的，所以一定要带伴手礼。吃的、喝的、用的都可以，让他们带回来跟大家分享。朋友开心，他们也快乐。之前说的除了衣服之外的半箱空间，就是装这些用的。

十、带爸妈逛免税店

我出来之前，有人托我买东西。开始想着我去买就可以了，结果是我爸说要一起，他说出来开心，就想多转转看看，于是我们一家四口在机场免税店溜达，有时候会对着英文讲中文品牌，有时候我爸会问澳门的迪奥和国内迪奥差多少钱，总之，就是要让他们多看、多接触。

有人说，带着爸妈去度蜜月，除了蓝田没谁了！也有人说，出国旅行本身就很累，带着爸妈就更累。还有人说，爸妈不愿意出去，习惯了在家。其实这一切都不是问题。安排妥当的话，你不但不会感到累，反而会感受到久违了的陪伴父母的开心与欣慰。我报团的时候，导游特意问了爸妈年龄，因为有些景区不适合上了年纪的老人，那时候就在想，要努力赚钱，让自己赚钱的速度超过父母变老的速度，这样才能更多地带他们走走看看。

回国后我妈跟我说，跟我们相处的这些天真的很开心，也感谢Z无微不至的照顾，感觉更亲、更像一家人了。我爸说以后有机会还要出去玩！我和Z说，必须的！

后记

人生那么长，此刻不必慌

在距离2015年结束还剩下不到10天的日子里，我用公众号推送了一条互动问答：你的2015年有哪些收获？又有哪些遗憾？2016年有什么愿望？忙完公众号后我用同样的问题问了坐在我身边的Z。他说：2015年最大的收获当然就是老婆啦！其次是买了房，车贷也还清了！再然后就是升职加薪，得到领导重用。我没有什么遗憾。接着他沉默了一会儿，红着眼眶跟我说："我觉得你的2015太辛苦，离开第一家公司后就一直在忙，没有闲下来过，想的事情也非常多，但我帮不上什么，只能干着急，我新一年的愿望就是，希望你的2016可以慢下来，不要那么辛苦了。"

我一直觉得理科生是非常木讷的，所以我从未奢求Z能对我说出什么肉麻的话，做出什么浪漫的事，但我承认，他的这一番话真的安慰到我了。一线城市不比小城，大多时候我们都朝着既定的方向一路狂奔，停下来的时候很少，即使真的慢下来，也只是在调整方向罢了，很少考虑到自己是否累，是否辛苦。而当你身边的人说出你太辛苦了的话的时候，你会感到自己顿时就不再是女战士了，那一刻只想趴在他怀里静静地待一会儿，欲望、功名、金钱，都是浮云。

Z说，其实你没必要那么赶着做事情，回想下你的2015年，其实收获也很多。

我说是，但总觉得还不够。2015年我和Z领证了，买了房，还了车贷，签了三本书，跳了两次槽，年末还和朋友一起众筹了一家京城的小花室，最主要的是，收获了一群愿意听我叨叨，也愿意向我倾诉的关注者。但我也有遗憾，比如因为不懂谈薪技巧而错失拿到更高薪资的机会，比如有家杂志社找我写专栏文章，而因为文风和故事不符合中学生读者群而被毙掉。

我不开心，于是Z用了几个晚上反复给我讲同一个道理，有些事只有你经历过，你才知道到底该怎么做，而你现在要做的不是因为痛失一次机会而感到受挫，而是感谢现在已经了解这个问题，试想如果你现在还不明白呢？以后几年甚至一辈子你都可能不明白呢？他说我不应该把所有机会都抓在手里，适当地应该放弃一些，比如那个中学生的专栏，就不适合我。我的文风原本就不是那样的，故事也相对成熟，而如果死钻牛角尖就会让自己很痛苦，而这样的痛苦还会导致我其他事情也做不好。

我说我怕来不及，我觉得自己年纪太大了。他说如果你一个90后的都觉得自己大，那我87年的应该以什么样的身份和心态自居呢？不要逼自己太狠了，有时候会适得其反。

想了很多天，我觉得自己又犯了急躁的毛病，总害怕不够快，总害怕来不及，其实一切都来得及，即使有时候因为阅历少而错失了些什么，但这些在成长过程中都是不可避免的。

刚毕业的时候，工资2000多元，那时候想如果月薪5000元那真是棒呆了！而如今我已经月薪过万了，却依然没有满足的感觉，人总是不满足的，总希望可以更好。但回想起刚毕业时候的自己，急躁、不安，希望什么事都可以以最快的速度实现，这期间也曾劝过自己无数次，要慢下来，不要什么事都那么急，有些事真的是阅历才能帮到你，但如今看来是又活回去了。

后记 人生那么长，此刻不必慌

公众号后台有位网友说："其实心里一直有些困惑，不知道你能不能发表一下自己的看法。自从上了大学，我慢慢地发觉，为人处世、人情世故这方面的技巧吧，真的挺重要的。但自己偏偏是一个真性情的人。遇到一些事情不会用较圆滑的方式去处理，该是怎么样就是怎么样。在大学这个象牙塔里，我们处处都受老师、同学的庇护，这样的为人处世方式可行，但进了社会肯定会碰壁。关于这件事你有什么看法吗？谢谢。"

我又一次感到其实成长路上我们都是一样的，一路跌跌撞撞，别人指点只能是方向，而更多的，只能是我们自己去闯、去经历。分享两件事给大家。

两个月前我去参加了一次互联网新媒体大会，那次会议中我最大的收获就是听了商务范范主对媒体的一个问题的回答，媒体问：微信公众号中做得特别好的有很多，有不少号已经融到两三千万的资金，不知范主这边怎样？

当时台下的人都在等着范主给出一个具体数字，结果听到的答案却让我赞叹不已，她说：新媒体中很多大号都做得非常成功，但因为商业机密问题我不能透露商务范这边的具体情况，我只能说在其他自媒体融资的时候，商务范赚到的钱已经跟他们融到的金额差不多了！

钱包君，是时候该醒醒了啊！

此言一出，台下掌声便热烈地响了起来，可能更多的人鼓掌为的是商务范本身做得非常棒，而我鼓掌的原因却是范主那一番回答，巧妙地避开了媒体丢来的敏感商业机密，但又从另一个角度回答了媒体的问题，同时也彰显了商务范的成功。

还有一件事发生在我前不久举办的一次线下沙龙中，当时的主题是零基础转行做运营，Q&A环节时我邀请了公司另一位同事跟我一起做回答，期间有位观众问了一个问题：老板总是对自己起的题目不满意，到底如何才能起一个让老板满意、用户也喜欢的题目呢？当我在台上苦思冥想这个问题的时候，我的另一个同事已经开始作答了，他说：这个问题不是一两句话可以说清的，所以我建议你私底下花200元钱请我们蓝田老师跟你深入探讨一下这个问题，相信你会物有所值。鉴于时间关系我们就不在这里回答了，我们把更多时间留给其他同学。

于是就在大家嬉笑的过程中，问题被完美解决。沙龙结束后我一直在思考这个问题，其实那位同学的这个问题在当天来说本身就是无解的，就像同事说的那样，起题目、写文案这种事，要真论起来，三言两语是说不清的。而他却可以跳出来回答，我能做的只是看到问题本身。

这就是差距。

再说回谈薪问题，前不久我专门收集了跳槽、面试等问题，其中就包括如何和企业谈薪资，结果人力经理提到的很多、很多坑，大多数人表示自己都跳过。沙龙结束后大家都反映说来得太值了，如果不来参加，可能永远都不知道如何谈薪才能拿到最优薪资，也不会在面试过程中很好地拿捏面试官的态度和反应。其实早在我跳槽之前，我一个很好的同事就给我讲过她跳槽谈薪资的故事，她用拖延的方法把原本就涨幅很大的薪资又多谈了2000元，当时佩服得五体投地，但事后真的自己遇到，还是不能完全融会贯通。近期想通了，有些事你了解归了解，真正想要掌握它，还需要去实践，多次实践。

情商、为人处世的能力等，其实跟工作能力一样，都是需要积累的，并且有些时候前者更需要阅历的丰富和时间的沉淀才能给你。而在你真正掌握之前，一定避免不了被坑和损失。大多数时候我是很正能量的，是积极主动的，但当我钻进一个问题中出不来时，也会沮丧，比如近期我已经沮丧了快一周，每天晚上都要受教育，但有些问题就是这样，别人说再多你听不进去也是白搭。今天写下来，算是对过去的一个总结反思，想告诉大家我想通了，也想跟你们说，如果有些事还没达到自己的预期，没关系，不要急，给自己时间，毕竟人生有那么长，此刻又何必这么慌？

钱包君，是时候该醒醒了啊！